O Consumidor Perante o Mercado

O Consumidor Perante o Mercado

A HIPERVULNERABILIDADE NA CONDIÇÃO DE TURISTAS ESTRANGEIROS

2019

Rafael Souza Viana

ALMEDINA

O CONSUMIDOR PERANTE O MERCADO
A HIPERVULNERABILIDADE NA CONDIÇÃO DE TURISTAS ESTRANGEIROS

AUTOR: Rafael Souza Viana
DIAGRAMAÇÃO: Almedina
REVISÃO: Marilane Casorla
DESIGN DE CAPA: FBA
ISBN: 978-85-8493-443-0

Dados Internacionais de Catalogação na Publicação (CIP)
(Câmara Brasileira do Livro, SP, Brasil)

Viana, Rafael Souza
O consumidor perante o mercado : a hipervulnerabilidade na condição de turistas estrangeiros / Rafael Souza Viana. -- São Paulo : Almedina, 2019.

Bibliografia.
ISBN 978-85-8493-443-0

1. Consumidores - Leis e legislação 2. Consumidores - Proteção - Brasil 3. Direito do consumidor 4. Direito do consumidor - Brasil 5. Turismo - Brasil I. Título.

19-23718 CDU-34:381.6:380.8(81)

Índices para catálogo sistemático:

1. Brasil : Direito do consumidor no turismo 34:381.6:380.8(81)
Maria Alice Ferreira - Bibliotecária - CRB-8/7964

Este livro segue as regras do novo Acordo Ortográfico da Língua Portuguesa (1990).

Fevereiro, 2019

EDITORA: Almedina Brasil
Rua José Maria Lisboa, 860, Conj.131 e 132, Jardim Paulista | 01423-001 São Paulo | Brasil
editora@almedina.com.br
www.almedina.com.br

Tenho em mim todos os sonhos do mundo.

Álvaro de Campos

Dedico este trabalho a Marília Ferraz Teixeira, minha esposa, por todo o auxílio, apoio e paciência, e à minha família, meu pilar fundamental.

Agradeço a Deus, pois sem Ele nada seria possível; ao meu orientador no curso de mestrado, e amigo, Héctor Valverde Santana, exemplo de ser humano, profissional e acadêmico; aos queridos amigos que me apoiaram das mais diversas formas. Muito obrigado.

PREFÁCIO

Recebi, com grande honra, o convite para prefaciar a presente obra do Advogado Rafael Souza Viana. Participo da vida acadêmica do autor desde o tempo em que este cursava graduação em Direito no Centro Universitário de Brasília (UniCEUB), oportunidade em que foi meu aluno em Responsabilidade Civil. A inteligência e o comprometimento acadêmico do autor já indicavam o futuro promissor que lhe estava reservado. O Advogado Rafael Souza Viana foi meu orientando no Curso de Mestrado em Direito do Programa de Pós-Graduação do UniCEUB, realizou-o com ênfase na pesquisa jurídica e alcançou a conclusão com expressiva proficiência, destacando-se como um dos alunos mais assíduos e participativos do Grupo de Pesquisa sobre Responsabilidade, Consumo e Novos Direitos. O presente trabalho decorre, portanto, da Dissertação de Mestrado do autor, que foi aprovada, com elogios, por banca examinadora constituída por mim, pela Professora Doutora Valéria Ilda Duarte Pessoa e o pelo Professor Doutor Leonardo Roscoe Bessa, em julho de 2017.

Cuida-se de obra jurídica atual e relevante. A atualidade da obra é sublinhada pela forte tendência de crescimento do turismo internacional nas próximas décadas. O turismo internacional contabiliza atualmente o impressionante número de 1,3 bilhão de consumidores por ano e é importante fonte de receita para a grande maioria dos países, condutor de mudanças socioeconômicas positivas, especialmente em países em desenvolvimento. Entretanto, o incremento do turismo internacional deve ser realizado de forma sustentável, respeitando a cultura local e observando os direitos dos turistas (consumidores).

A relevância da obra é destacada pela análise da vulnerabilidade acentuada ou hipervulnerabilidade do consumidor turista internacional. Identificam-se diversas situações de dificuldade ou mesmo impossibilidade de solução dos problemas de consumo em razão da condição de turista em países distintos de sua residência fixa. A transitoriedade no país visitado, na maioria dos casos apenas alguns dias de permanência, o obstáculo da língua, o desconhecimento dos meios de proteção estatal (administrativa e/ou judicial) dos direitos, das leis e regulamentos relacionados à atividade de turismo em particular e de proteção dos consumidores em geral, a inexistência ou o desconhecimento de associações privadas de proteção do consumidor e o alto custo da judicialização dos conflitos (custas processuais e honorários advocatícios) são algumas situações fáticas e jurídicas que caracterizam a vulnerabilidade acentuada do turista internacional, que, por sua vez, deve ser destinatário de proteção especial, levando-se em consideração as particularidades de sua condição no mercado de consumo.

A presente obra jurídica está estruturada em quatro capítulos ordenados a partir dos aspectos gerais da proteção do consumidor em direção à parte central da pesquisa, que, por sua vez, debate a possibilidade de reconhecimento do turista internacional como consumidor em situação de vulnerabilidade acentuada ou hipervulnerabilidade. O primeiro capítulo introduz o direito do consumidor brasileiro, promovendo uma visão geral doutrinária sobre a necessidade de proteção estatal do consumidor, a importância das entidades privadas de defesa do consumidor para o equilíbrio das relações de consumo, ressaltando a estrutura administrativa (Senacon, Procons, dentre outros) de tutela do consumidor e as normas jurídicas, especialmente as disposições constitucionais específicas e o Código de Defesa do Consumidor – Lei nº 8.078/1990, bem como contribui para o aprofundamento sobre as várias formas de manifestação da vulnerabilidade do consumidor no mercado.

O segundo capítulo analisa o setor de turismo em particular e sua conexão com a proteção dos consumidores no Brasil. O autor apresenta dados da Organização Mundial do Turismo (OMT) e do Ministério do Turismo do Brasil para estabelecer a configuração do mercado nacional e mundial do turismo, contribuindo, de forma segura, para as reflexões posteriores. Esclarece que durante uma viagem de turismo internacional é inevitável a prática de atos de consumo, a exemplo da utilização de serviços de alimentação, hotelaria, transporte, entretenimento, bancários, além da aquisição de produtos no mercado local. As normas gerais de proteção do consumidor devem ser aplicadas aos serviços de turismo, mesmo não existindo normas jurídicas específicas de proteção do turista internacional no Código de Defesa do Consumidor.

As reflexões sobre a proteção internacional dos turistas são realizadas no terceiro capítulo. Sistemas normativos diversos de proteção dos consumidores são identificados e, em alguns casos, ensejam dificuldades para a solução dos casos concretos. O foro competente, a lei aplicável e a inexistência de cooperação estatal internacional específica são exemplos significativos das incertezas ainda presentes acerca do tema. O autor registra a atuação de diversos organismos estatais e acadêmicos que são importantes para o conhecimento da controvérsia, a exemplo da Organização das Nações Unidas (ONU), Organização Mundial do Turismo (OMT), Organização das Nações Unidas para Educação, a Ciência e a Cultura (Unesco), Organização Mundial do Comércio (OMC), Organização dos Estados Americanos (OEA), Blocos econômicos – Mercosul e União Europeia e a International Law Association (ILA).

O quarto e último capítulo discorre sobre a possibilidade de equiparação do turista internacional ao consumidor com vulnerabilidade acentuada ou hipervulnerável, fator que justifica uma proteção jurídica diferenciada das demais relações de consumo. Considera que a expansão do turismo internacional é uma consequência da globalização, especialmente pela facilitação de acesso a viagens internacionais pelo incremento do transporte, organização de viagens por profissionais de turismo (pacotes turísticos), comércio eletrônico, superação de entraves burocráticos para o fluxo de pessoas, preços mais baixos, dentre outros fatores. Por outro lado, o autor, após traçar todos esses relevantes aspectos do problema, estruturado em detalhada pesquisa jurídica, propõe soluções jurídicas aptas à regulamentação do setor do turismo internacional e a efetiva proteção do consumidor turista internacional hipervulnerável.

Finalmente, encaminho meus parabéns ao autor pela importante produção acadêmica, que certamente contribuirá, de forma substancial, para direcionar o debate acadêmico sobre a proteção do turista internacional e que deve servir de suporte imprescindível para o legislador brasileiro, bem como também deve ser instrumento útil a orientar as ações dos organismos internacionais que têm a missão urgente de prover uma regulamentação harmônica dos problemas suscitados. Cumprimento, igualmente, a Editora

Almedina pela iniciativa de viabilizar a publicação desta obra de referência, beneficiando o público em geral e, especialmente, os profissionais do Direito do Consumidor.

Héctor Valverde Santanna

Doutor e Mestre em Direito das Relações Sociais pela Pontifícia Universidade Católica de São Paulo (PUC-SP). Professor do Programa de Pós-Graduação em Direito do Centro Universitário de Brasília (UniCEUB). Juiz de Direito Substituto de Segundo Grau do Tribunal de Justiça do Distrito Federal e Territórios (TJDFT).

SUMÁRIO

Introdução

O consumo é uma atividade básica que está presente no cotidiano das pessoas. Todos necessitam comprar alimentos, produtos e serviços variados para assegurar, ou aperfeiçoar, o seu bem-estar, sua qualidade de vida. É atividade que todo indivíduo, em algum momento, irá praticar.

A Revolução Industrial foi um importante marco temporal para o desenvolvimento do mercado de consumo. Em decorrência da massificação da produção e das relações contratuais,[1] as relações de consumo tornaram-se mais impessoais (no século XX, os contratos passaram a se apresentar na modalidade "por adesão"),[2] liberando novos produtos e serviços, em um espaço de tempo cada vez mais curto.[3]

Os consumidores passam a sofrer as consequências desse padrão de produção. Com grande vulnerabilidade em relação aos fornecedores, detentores de conhecimentos e técnicas mais aprofundadas e específicas sobre os produtos e serviços que ofertam no mercado, ficam em clara desvantagem durante uma relação de consumo, suscetíveis a práticas que, por vezes, não atendem às exigências legais ou às suas expectativas de boa-fé e ética por parte do mercado.

[1] Práticas agressivas de contratação e relevante restrição da liberdade de contratar, em relação a uma das partes, debilitando-a na relação.

[2] MARQUES, Claudia Lima. *Contratos no Código de Defesa do Consumidor: o novo regime das relações contratuais.* 8ª ed. São Paulo: Revista dos Tribunais, 2016, p. 160-163.

[3] MIRAGEM, Bruno. *Curso de direito do consumidor.* 5ª ed. São Paulo: Revista dos Tribunais, 2014, p. 41.

Na busca pelo equilíbrio dessa relação, foram criadas normas voltadas à proteção dos direitos dos consumidores, merecedores de direitos fortes, sólidos, que lhes dessem a segurança de consumir com maior tranquilidade e sem grandes temores de sofrerem lesões, sejam financeiras ou à sua própria saúde.

Os direitos do consumidor, contudo, em um mundo globalizado e impulsionado pelo desenvolvimento tecnológico, não conseguem acompanhar a velocidade das mudanças de comportamento na sociedade[4] (incluso o mercado de consumo), pelos mais variados motivos, impossibilitando-se abarcar todas as situações concretas que se apresentem juridicamente.[5]

O raio de consumo, ou seja, a região em que os consumidores praticam essa atividade, se expandiu bastante, dificultando a delimitação de suas fronteiras, comprometendo o seu controle e criando problemas em relação à aplicabilidade ou não de determinadas normas e regras.

Houve uma grande facilitação e estímulo para a prática do consumo em territórios mais longínquos, principalmente em países estrangeiros, nos quais, por vezes, ofertam-se produtos mais exclusivos ou de melhor qualidade a preços mais atrativos, porém, mediante o risco de se ver fora do alcance das leis protetoras dos países em que os consumidores residem ou onde possuam habitualidade na aquisição de produtos ou serviços, portanto, com certo conhecimento sobre suas políticas, regras e direitos.

A tutela dos consumidores, quando estes se encontram em território internacional, é alvo de grande estudo na doutrina consumerista, uma vez que poucas são as proteções dadas e muitas são as desvantagens e os obstáculos a se enfrentar. Aumentam-se os riscos de consumo e, por consequência, a sua vulnerabilidade perante os fornecedores.[6]

O crescente e constante desenvolvimento da atividade turística em todo o mundo torna imperioso solucionar, o quanto antes, essa deficiência normativa, em ordem a proteger os principais sujeitos do mercado

[4] Hábitos, costumes, valores humanos.

[5] MELLO, Sônia Maria Vieira de. *O direito do consumidor na era da globalização: a descoberta da cidadania.* Rio de Janeiro: Renovar, 1998, p. 8.

[6] MELLO, Sônia Maria Vieira de. *O direito do consumidor na era da globalização: a descoberta da cidadania.* Rio de Janeiro: Renovar, 1998, p. 7.

de consumo, aqueles que o fomentam, dando-lhes maior segurança para consumir e a certeza de solução em caso de problemas ou vícios, o que possibilita resguardar o bem-estar do indivíduo e a saúde financeira do próprio comércio local.

O Brasil foi sede, em um curto espaço de tempo, de uma série de eventos internacionais de grande escala, em especial, os esportivos (Copa do Mundo e Jogos Olímpicos e Paralímpicos), os quais atraem um número ainda maior de turistas para o país. Sofreu pressões e imposições estrangeiras para limitar direitos, principalmente os voltados à proteção dos consumidores.

Foram deflagradas violações normativas, bem como as consequentes lesões sofridas pelos consumidores, o que demonstra a fragilidade da segurança jurídica em relação às proteções consumeristas, mesmo em um país que se destaca mundialmente por possuir um dos sistemas de proteção aos consumidores mais eficientes e completos do mundo, com destaque à Lei nº 8.078/1990, o Código de Defesa do Consumidor (CDC).[7]

O presente cenário, tal qual ocorreu na Revolução Industrial e nos demais momentos históricos que reestruturaram o mercado de consumo, instiga a análise e a busca por soluções adequadas que permitam o restabelecimento do equilíbrio na relação consumerista no âmbito internacional.

As lacunas normativas favoreceram o aumento da vulnerabilidade dos consumidores, o que pode transformar os mercados estrangeiros em verdadeiros "super-fornecedores", imunes à obrigação de respeitar os direitos básicos dos consumidores. Os fornecedores estrangeiros, em determinados casos, se veem confortáveis diante de uma ainda fraca tutela internacional, em especial no que diz respeito à busca do judiciário para exigir o cumprimento dos direitos dos consumidores ou a reparação de danos sofridos.

Muito se tem discutido sobre os caminhos para efetivar a proteção dos consumidores e reequilibrar as relações de consumo no âmbito internacional, pois ainda é considerada fraca e pouco eficaz. A cooperação internacional entre Estados, empresas e sociedade civil é apre-

[7] MELLO, Sônia Maria Vieira de. *O direito do consumidor na era da globalização: a descoberta da cidadania.* Rio de Janeiro: Renovar, 1998, p. 7.

sentada como importante mecanismo para se conseguir resultados concretos na tutela e na reparação dos danos que um consumidor porventura venha a sofrer.

Há também que se considerar o enquadramento do consumidor, turista estrangeiro, na condição de hipervulnerável. Tal entendimento possui a capacidade de gerar efeitos jurídicos diversos, capazes de lhe atribuir maiores garantias em relação à reparação dos danos, bem como maior proteção e segurança para o adequado exercício de seus direitos, conforme será analisado adiante.

Capítulo 1
O Direito do Consumidor Brasileiro

A vida humana exige uma série de normas de conduta para que seja possibilitado o convívio, a vida em sociedade, sem maiores lesões, afinal, conforme já afirmava Thomas Hobbes em sua obra *Leviatã*, em um estado de natureza, ou seja, livre de leis, normas e regras, "o homem é o lobo do homem".

As normas de conduta decorrem de lei determinada pelo Estado, de diretrizes comportamentais vindas da religião ou de meros padrões e costumes sociais, podendo, uma mesma norma, pertencer a essas três fontes de forma simultânea. Visam estabelecer comportamentos esperados dos indivíduos e da coletividade, impondo consequências desagradáveis em caso de desobediência, as denominadas sanções, as quais podem variar desde uma reprovação social ou moral até a restrição de direitos.

Para que sejam classificadas como normas jurídicas, deve haver a intervenção estatal, tanto na sua elaboração quanto na sua fiscalização e punição (exigir o cumprimento e penalizar a desobediência), confirmando o caráter de obrigatoriedade da conduta exigida.[8]

O Brasil é reconhecidamente um país que possui forte sistema, instrumentos e normas voltados à proteção dos consumidores. Nos tópicos a seguir serão expostos os principais aspectos referentes ao Direito do Consumidor no Brasil e aos órgãos de proteção aos consumidores.

[8] BESSA, Leonardo Roscoe. *O consumidor e seus direitos ao alcance de todos*. 3ª ed. Brasília: Brasília Jurídica, 2006, p. 23-24.

1.1. A Sociedade de Consumo e a Proteção dos Consumidores

Se há consumo, este deve ser disciplinado, uma vez que se trata de relação jurídica com características peculiares. Muito embora tratando de forma bem genérica e sem se preocupar clara e definitivamente com a proteção dos consumidores, é possível encontrar registros antigos[9] de regulamentações de mercado, proibindo e coibindo práticas indesejadas pelo mercado.[10]

A autonomia da vontade regia os contratos, transformando em lei tudo o que fosse acordado no instrumento firmado (princípio do *pacta sunt servanda* – "acordos devem ser mantidos"). Sem o devido controle, abusos de direito foram cometidos na elaboração dos contratos, os quais exigiam atitudes e condutas desumanas, que violavam o razoável e a dignidade do indivíduo, o que foi-se percebendo inaceitável com o passar do tempo, vindo a sociedade, diante de uma série de fatos históricos indesejáveis (guerras mundiais, por exemplo) e suas consequências, a iniciar um processo que levava à busca pelo equilíbrio nas relações jurídicas.[11]

O Direito do Consumidor foi uma consequência das lutas travadas pelo setor trabalhista, que clamava por melhores condições. Despertou-se o interesse em proteger os mais fracos e vulneráveis diante dos mais fortes, e, por consequência, iniciaram-se movimentos que buscavam resguardar as relações socioeconômicas e jurídicas formadas pelos produtores e consumidores.[12] Grupos de consumidores se organizaram em função de seus interesses específicos, o que serviu para a base e maturação do consumerismo.[13]

O principal marco que instaurou o Direito do Consumidor ocorreu no dia 15 de março de 1962, quando o então presidente dos Estados Uni-

[9] Há previsão no Código de Hammurabi e nas antigas leis indianas acerca da proibição da adulteração de alimentos e de dar informações falsas em relação ao peso.

[10] PERIN JUNIOR, Ecio. *A globalização e o direito do consumidor: aspectos relevantes sobre a harmonização legislativa dentro dos mercados regionais.* Barueri: Manole, 2003, p. 5-6.

[11] MIRAGEM, Bruno. *Curso de direito do consumidor.* 5ª ed. São Paulo: Revista dos Tribunais, 2014, p. 40.

[12] SERRANO, Pablo Jiménez. *Introdução ao direito do consumidor.* Barueri: Manole, 2003, p. 1-2.

[13] MIRAGEM, Bruno. *Curso de direito do consumidor.* 5ª ed. São Paulo: Revista dos Tribunais, 2014, p. 38.

dos, John Kennedy, dirigiu mensagem ao Congresso norte-americano destacando a importância da proteção dos interesses dos consumidores, garantindo-lhes os direitos à segurança, informação, escolha e de serem ouvidos nas decisões governamentais. Resoluções e Cartas de Direitos[14] foram surgindo e levando proteções à Europa e aos mais diversos países do mundo.[15]

A proteção aos consumidores é necessária para suprir lacunas jurídicas deixadas pelo Direito Civil tradicional, as quais impedem a adequada tutela das novas relações socioeconômicas, entre elas, a sociedade de consumo.[16] O mercado atual se apresenta de modo a obter lucro a todo custo, e, para tanto, utiliza-se das mais diversas técnicas de publicidade (mídia eletrônica, em especial) e estratégias de *marketing*, o que cria novos hábitos na sociedade e influencia o consumo de novos produtos e serviços.

As técnicas de publicidade e estratégias de *marketing* despertam os impulsos de compra, outrora reprimidos, sob a justificativa de que os itens comercializados são essenciais para garantir o bem-estar ou assegurar o *status* pessoal do indivíduo dentro de seu grupo e ciclo de contatos.

Na ânsia de se enquadrar dentro dos padrões de sucesso estabelecidos pelo mercado, os consumidores sucumbem às pressões impostas, diminuindo sua capacidade de decidir por conta própria sobre às suas reais vontades, as quais ficam deturpadas e obscurecidas (a vontade individual fica oprimida), colocando-os em uma condição de desvantagem, de vulnerabilidade.[17] Emergem duas soluções para se tentar o equilíbrio da relação jurídica.

A primeira é uma solução privada em que os próprios sujeitos da relação de consumo, fornecedor e consumidor, assumem de modo exclusivo a responsabilidade de acabar com as práticas maliciosas e danosas, uma espécie de autorregulamentação, a qual, dada a realidade

[14] Os principais exemplos são as Resoluções 543 da Assembleia Consultiva da Comunidade Europeia e 39/248 da Organização das Nações Unidas (ONU).

[15] BESSA, Leonardo Roscoe. *O consumidor e seus direitos ao alcance de todos*. 3ª ed. Brasília: Brasília Jurídica, 2006, p. 29-30.

[16] SERRANO, Pablo Jiménez. *Introdução ao direito do consumidor*. Barueri: Manole, 2003, p. 8.

[17] BITTAR, Carlos Alberto. *Direitos do consumidor: Código de Defesa do Consumidor*. 6ª ed. Rio de Janeiro: Forense Universitária, 2003, p. 1-2.

apresentada nos dias atuais, se mostra irreal e utópica, tanto que não é adotada por nenhum país.

A segunda opção é mais realista e envolve a intervenção estatal (modelo intervencionista estatal) com base na aplicação de normas reguladoras da relação de consumo sem descartar, contudo, a possibilidade da autorregulamentação proposta pelo modelo privado, tornando-se a solução mais aceita e adotada nas sociedades capitalistas.

Subdivide-se em duas formas principais, a regulamentação específica para cada uma das atividades econômicas diretamente relacionadas (publicidade, responsabilidade civil por acidentes de consumo, crédito, entre outras), majoritária, ou a tutela do consumidor de modo sistemático, com o uso de um código que contém o conjunto das normas gerais.[18]

Aliada à intervenção estatal e seguindo o fluxo da busca pelo equilíbrio nas relações jurídicas, a criação de institutos que visam a adequação dos negócios jurídicos à realidade das partes envolvidas formou importantes ferramentas de proteção contra a formulação de contratos abusivos ou com cláusulas exorbitantes fundamentados na autonomia da vontade.

A cláusula do *rebus sic stantibus* ("enquanto as coisas permanecerem as mesmas"), por exemplo, surge para dar a possiblidade de revisão dos contratos firmados, no intuito de corrigi-lo, de devolver o equilíbrio que, em algum momento da relação ou em decorrência de algum fato superveniente, se perdeu, modificando-se a visão de que a barreira do *pacta sunt servanda* seria insuperável.[19]

1.2. As Normas e os Órgãos Protetores do Consumidor no Brasil

Um forte movimento de proteção aos consumidores atingiu a América Latina durante as décadas de 1960 e 1970. O Brasil vivia o ápice de sua industrialização, com o crescimento da produção e do consumo de bens e serviços em grande escala, nos mais diversos setores e com meca-

[18] Grinover, Ada Pellegrini *et al. Código Brasileiro de Defesa do Consumidor comentado pelos autores do anteprojeto.* 10ª ed. Rio de Janeiro: Forense, 2011, v. 1, p. 4-5.

[19] Miragem, Bruno. *Curso de direito do consumidor.* 5ª ed. São Paulo: Revista dos Tribunais, 2014, p. 40-41.

nismos de financiamento, o que resultou em uma aceleração de sua economia,[20] assumindo a oitava colocação no *ranking* mundial.[21]

Reflexo desse crescimento, começou-se a legislar e a pensar políticas públicas voltadas à tutela do consumidor. As criações do Grupo Executivo de Proteção ao Consumidor (Procon), no ano de 1976, na cidade de São Paulo, vinculado à Secretaria de Economia do Estado, e, em âmbito nacional, do Conselho Nacional de Defesa do Consumidor (CNDC), no ano de 1985, vinculado ao Ministério da Justiça[22] e responsável por apresentar o Anteprojeto do Código de Defesa do Consumidor perante a Assembleia Nacional Constituinte, antes mesmo da Constituição de 1988, são exemplos disso.

O Brasil, seguindo a tendência global, adotou o modelo intervencionista estatal, decidindo, contudo, pelo método da codificação do Direito do Consumidor, o qual fora pioneiro no mundo, entendendo que, dessa forma, além de permitir a reforma do Direito vigente, simplificaria e daria mais clareza, coerência e homegeneidade à matéria, o que possibilita sua autonomia e favorece os destinatários e aplicadores das normas.

A defesa dos consumidores possui base constitucional, expressamente prevista, e o Direito do Consumidor é regido pelo Código de Defesa do Consumidor (CDC ou Lei nº 8.078/90[23]), o qual buscou inspiração em uma série de legislações estrangeiras, em especial, no que tange à origem dos direitos básicos do consumidor.

Entre essas influências estão a Resolução nº 39/248 da Assembleia Geral da Organização das Nações Unidas (ONU), o *Projet de Code de la Consommation* francês e as leis gerais da Espanha (*Ley General para la*

[20] A taxa média de crescimento do Produto Interno Bruto (PIB) foi de 10% ao ano, durante os anos de 1968 a 1974.

[21] PERIN JUNIOR, Ecio. *A globalização e o direito do consumidor: aspectos relevantes sobre a harmonização legislativa dentro dos mercados regionais*. Barueri: Manole, 2003, p. 13.

[22] SERRANO, Pablo Jiménez. *Introdução ao direito do consumidor*. Barueri: Manole, 2003, p. 1-2.

[23] A forma mais correta de classificá-lo é como código, e não como lei pura e simples. O constituinte adotou a codificação ao admitir a promulgação de um arcabouço geral para a tutela do Direito do Consumidor. A transformação do código em lei se deu como uma mera solução para contornar o *lobby*, as pressões e artimanhas praticadas por empresários que buscavam retardar a sua aprovação e entrada em vigor. Portanto, não obstante a nova denominação, estar-se-á diante de um código, dado o mandamento constitucional e pelo seu caráter sistemático, o qual inclui, no próprio corpo legal, a denominação como código.

Defensa de los Consumidores y Usuarios, Lei nº 26/1984), de Portugal (Lei nº 29/81), do México (*Lei Federal de Protección al Consumidor*, de 1976) e de Quebec (*Loi sur la Protection du Consommateur*, de 1979).

O código buscou inspiração, *a priori*, no Direito comunitário europeu. O Direito norte-americano, contudo, também ocupou parcela importante em sua elaboração. De modo indireto, o CDC se apresentou com a adoção das regras europeias mais modernas, inspiradas nos casos concretos e estatutos americanos e, de maneira direta, a partir da análise do sistema legal de proteção dos Estados Unidos (*Federal Trade Commission Act*, o *Consumer Product Safety Act*, o *Truth in Lending Act*, entre outros).[24]

A proteção dos consumidores não está apenas adstrita ao código, uma vez que este preconiza a inclusão de um Sistema Nacional de Defesa do Consumidor (SNDC), no qual se inserem órgãos federais, estaduais, do Distrito Federal, municipais e entidades privadas de defesa do consumidor, os quais se incumbem de realizar a tutela, em sua maioria, pela via administrativa.[25] A Secretaria Nacional do Consumidor (Senacon), órgão federal integrante do Ministério da Justiça, é a responsável pela coordenação do sistema,[26-27] conforme estabelecido pelo Decreto nº 7.738/2012.[28]

[24] Grinover, Ada Pellegrini *et al. Código Brasileiro de Defesa do Consumidor comentado pelos autores do anteprojeto.* 10ª ed. Rio de Janeiro: Forense, 2011, v. 1, p. 1-8.

[25] Miragem, Bruno. *Curso de direito do consumidor.* 5ª ed. São Paulo: Revista dos Tribunais, 2014, p. 727-728.

[26] Nos termos do artigo 106 do Código de Defesa do Consumidor, a coordenação incumbe planejar, elaborar, propor, coordenar e executar a política nacional de proteção ao consumidor; receber, avaliar, analisar e encaminhar consultas, denúncias ou sugestões apresentadas por entidades representativas ou pessoas jurídicas de direito público ou privado; prestar aos consumidores orientação permanente sobre seus direitos e garantias; informar, conscientizar e motivar o consumidor através dos diferentes meios de comunicação; solicitar à polícia judiciária a instauração de inquérito policial para a apuração de crimes contra o consumidor; levar ao conhecimento dos órgãos competentes as infrações de ordem administrativa que violarem os interesses difusos, coletivos ou individuais dos consumidores; representar ao Ministério Público competente para adoção de medidas processuais no âmbito de suas atribuições; solicitar o concurso de órgão e entes da União, Estados, Distrito Federal e Municípios, bem como auxiliar a fiscalização de preços, abastecimento, qualidade, quantidade e segurança de bens e serviços; incentivar, inclusive com recursos financeiros e outros programas especiais, a formação de entidades de defesa do consumidor pela população e

O Sistema Nacional de Defesa do Consumidor, em conjunto com seus colaboradores, estabelece mecanismos próprios para a preservação, concretização e fiscalização desses direitos. Regula a atividade econômica (agências reguladoras),[29] mediante entes públicos e privados para atender às necessidades dos consumidores,[30] inclusive com um papel educativo para consumidores e fornecedores, neste último caso, em um trabalho de aculturá-los em busca do estabelecimento de uma atmosfera composta por boa-fé e respeito ao cidadão.[31]

1.2.1. A Tutela dos Consumidores pelo Viés Constitucional

Os direitos humanos só desenvolvem seu pleno vigor a partir do momento que estão garantidos por normas de direito positivo, portanto, expressamente previstas em um ordenamento jurídico. A presença da proteção dos consumidores na Constituição Federal é uma consequência da constitucionalização do Direito Civil, tendência assumida durante o período de sua elaboração.

A Constituição Federal incorporou relações jurídicas que outrora pertenciam apenas ao Direito Civil, o que resultou na alteração do *status* e na sua qualificação como direitos subjetivos de matriz constitucional. A propriedade, a família, a criança e o adolescente receberam extensa regulação que alterou valores e ideologias estabelecidas no Código Civil de 1916, o que trouxe uma nova realidade para o Direito Civil sob o ponto de vista constitucional, possibilitando ao legislador intervir nas relações de direito privado. Adquiriram preferência ante direitos de ordem infraconstitucionais (superioridade hierárquica) ao passo

pelos órgãos públicos estaduais e municipais; desenvolver outras atividades compatíveis com suas finalidades e celebrar convênios com entidades nacionais e internacionais.

[27] BITTAR, Carlos Alberto. *Direitos do consumidor: Código de Defesa do Consumidor.* 6ª ed. Rio de Janeiro: Forense Universitária, 2003, p. 80.

[28] BENJAMIN, Antônio Herman V.; MARQUES, Claudia Lima; BESSA, Leonardo Roscoe. *Manual de Direito do Consumidor.* 5ª ed. São Paulo: Revista dos Tribunais, 2013, p. 404-405.

[29] MIRAGEM, Bruno. *Curso de direito do consumidor.* 5ª ed. São Paulo: Revista dos Tribunais, 2014, p. 728.

[30] BITTAR, Carlos Alberto. *Direitos do consumidor: Código de Defesa do Consumidor.* 6ª ed. Rio de Janeiro: Forense Universitária, 2003, p. 79.

[31] MELLO, Sônia Maria Vieira de. *O direito do consumidor na era da globalização: a descoberta da cidadania.* Rio de Janeiro: Renovar, 1998, p. 144.

que ganharam maior visibilidade do meio jurídico para o aumento de sua proteção, de realização de ações e da tomada de providências, concretas e efetivas, nesse sentido.[32] Tornam-se normas de ordem pública e de interesse social, logo, inderrogáveis por vontade dos interessados, à exceção de determinados casos em que se admita a livre disposição de interesses de caráter patrimonial (exemplo: artigo 107 do Código de Defesa do Consumidor).[33]

Ao adotar essa integração e apresentar um novo sujeito de direitos (os consumidores), individual ou de forma coletiva, a Constituição Federal foi a origem da codificação da proteção aos consumidores no Brasil. O próprio Código de Defesa do Consumidor, em seu artigo 1º, confirma esse fato, elencando os artigos constitucionais que fundamentaram e determinaram a sua criação. O direito do consumidor se estabelece como um conjunto de normas e princípios especiais que devem cumprir um triplo mandamento constitucional.[34]

O primeiro deles está presente no artigo 5º, inciso XXXII, que determina que o Estado possui o dever de promover, na forma da lei, a defesa do consumidor. Está incluso no rol dos "direitos e deveres individuais e coletivos" (Capítulo I) e dos "direitos e garantias fundamentais" (Título II).

Trata-se de posição privilegiada dentro do corpo da Constituição, uma vez que compõe o pilar principal que servirá como base axiológica e lógica do ordenamento jurídico, protegido contra a possibilidade de reformas realizadas por parte do poder constituinte instituído.[35]

Ao instituir a promoção da defesa do consumidor, o texto constitucional pretende que os poderes Judiciário, Legislativo e Executivo realizem positivamente, ou seja, mediante imposição escrita e expressa de lei ou outra espécie normativa, a defesa e tutela dos interesses dos consumidores.

[32] Miragem, Bruno. *Curso de direito do consumidor.* 5ª ed. São Paulo: Revista dos Tribunais, 2014, p. 47-50.

[33] Grinover, Ada Pellegrini *et al. Código Brasileiro de Defesa do Consumidor comentado pelos autores do anteprojeto.* 10ª ed. Rio de Janeiro: Forense, 2011, v. 1, p. 16.

[34] Benjamin, Antônio Herman V.; Marques, Claudia Lima; Bessa, Leonardo Roscoe. *Manual de Direito do Consumidor.* 5ª ed. São Paulo: Revista dos Tribunais, 2013, p. 33.

[35] Miragem, Bruno. *Curso de direito do consumidor.* 5ª ed. São Paulo: Revista dos Tribunais, 2014, p. 50-52.

Por ser um direito fundamental,[36-37] o direito do consumidor assume a condição de direito humano de nova geração (social e econômico), direito subjetivo público e geral. Não se limita apenas à proteção contra ações do Estado, mas também demanda dele atitudes e políticas públicas que tenham por objetivo resguardá-lo.[38]

A necessidade da ação estatal na proteção dos direitos do consumidor pode ser demonstrada no segundo mandamento constitucional, relativo à determinação para sistematizar e ordenar a tutela infraconstitucional desses direitos, por meio de um código. Funciona como a ordem que originou a criação do Código de Defesa do Consumidor.

Incumbiu tal mandamento ao artigo 48 dos Atos das Disposições Constitucionais Transitórias da Constituição Federal (ADCT). Muito embora ele fosse expresso ao determinar ao Congresso Nacional o prazo de 120 dias, após a promulgação da Constituição, para elaborar o código, o período não foi respeitado, vindo a ser cumprido apenas no ano de 1990.[39]

Não obstante esse desrespeito, a norma foi importante para dar força constitucional à determinação da criação de um código (um sistema interno unitário, de normas e princípios) que disciplinasse sobre o Direito do Consumidor, à luz do princípio da unidade da Constituição,[40] haja vista que o tema já era discutido antes mesmo da promulgação da Constituição, contudo, não recebeu a atenção e a importância devidas, e restava infrutífero até então.[41]

[36] Pois legitima o princípio da igualdade, haja vista o desequilíbrio existente nas relações consumeristas e a sua consequente busca por equilibrar uma situação que faticamente é desigual, bem como ao esclarecer que a autonomia da vontade, no que diz respeito à liberdade para contratar, deve apresentar pessoas em condição de igualdade em ambos os polos da relação.

[37] Miragem, Bruno. *Curso de direito do consumidor.* 5ª ed. São Paulo: Revista dos Tribunais, 2014, p. 52-53.

[38] Benjamin, Antônio Herman V.; Marques, Claudia Lima; Bessa, Leonardo Roscoe. *Manual de Direito do Consumidor.* 5ª ed. São Paulo: Revista dos Tribunais, 2013, p. 33-34.

[39] Grinover, Ada Pellegrini *et al. Código Brasileiro de Defesa do Consumidor comentado pelos autores do anteprojeto.* 10ª ed. Rio de Janeiro: Forense, 2011, v. 1, p. 14-15.

[40] Miragem, Bruno. *Curso de direito do consumidor.* 5ª ed. São Paulo: Revista dos Tribunais, 2014, p. 59 e 60.

[41] Grinover, Ada Pellegrini *et al. Código Brasileiro de Defesa do Consumidor comentado pelos autores do anteprojeto.* 10ª ed. Rio de Janeiro: Forense, 2011, v. 1, p. 1-2.

O terceiro mandamento constitucional foi a inclusão da defesa do consumidor como princípio fundamental da ordem constitucional econômica. Presente no artigo 170, inciso V, ele assume um caráter conformador da ordem econômica, o que deve confirmar o respeito ao princípio da dignidade da pessoa humana, à qualidade de vida, o que, após a análise do caso concreto, pode fazer prevalecer a proteção dos consumidores em relação a outros princípios como a livre-iniciativa (quando afetar o discernimento ou a integridade do consumidor).[42]

Ele também irá vincular o Estado e os intérpretes da lei em geral à aplicação dos direitos dos consumidores, em razão da força normativa da Constituição Federal. Limitará a autonomia da vontade dos mais fortes diante dos mais fracos e vulneráveis, concretizando a tendência de um direito privado constitucionalizado (orientado pelos seus valores) e mais preocupado com o seu papel na sociedade (direito privado solidário), com sua função social, fugindo à dogmática pura da norma.[43]

1.2.2. Os Aspectos mais Relevantes da Proteção Realizada pelo Código de Defesa do Consumidor

Em atenção aos dizeres do artigo 48 da ADCT, no ano de 1990, após uma série de debates e obstáculos superados, promulgou-se a Lei nº 8.078/1990, também conhecida como Código de Defesa do Consumidor. Responsável pela tutela dos consumidores no âmbito infraconstitucional, engloba tanto a fase pré quanto pós-contratual.[44] Possui 119 artigos, divididos em quatro capítulos, que estabelecem as disposições gerais, os direitos básicos, sanções e várias outras diretrizes.

Para que haja uma relação de consumo, é necessária a presença de dois sujeitos, o consumidor e o fornecedor. Por consumidor, o artigo 2º, *caput*, do Código de Defesa do Consumidor, determina ser a pessoa, física ou jurídica, que utiliza serviço ou produto como destinatário final. Não poderá ter, por exemplo, intuito de revendê-lo ou reutilizá-lo para

[42] MIRAGEM, Bruno. *Curso de direito do consumidor.* 5ª ed. São Paulo: Revista dos Tribunais, 2014, p. 57-58.

[43] BENJAMIN, Antônio Herman V.; MARQUES, Claudia Lima; BESSA, Leonardo Roscoe. *Manual de Direito do Consumidor.* 5ª ed. São Paulo: Revista dos Tribunais, 2013, p. 35-39.

[44] BENJAMIN, Antônio Herman V.; MARQUES, Claudia Lima; BESSA, Leonardo Roscoe. *Manual de Direito do Consumidor.* 5ª ed. São Paulo: Revista dos Tribunais, 2013, p. 55.

obter lucro. Sempre será considerado como vulnerável nas relações de consumo das quais participar.[45]

O conceito *standard* de consumidor funciona muito bem para a maioria dos casos. Na busca por uma proteção mais extensa, e em razão de haver posicionamentos divergentes quanto à definição de "destinatário final" (teoria finalista[46] e maximalista[47]),[48] o Código de Defesa do Consumidor, em seus artigos 2º, parágrafo único, 17 e 29, ampliou a sua tutela àqueles que são, ou podem vir a ser, vítimas de uma atividade de mercado, equiparando-os à condição de consumidores.[49]

O parágrafo único do artigo 2º do CDC estende a proteção à coletividade, mesmo que indeterminada, que tenha participado da relação de consumo (aquela que possa usar ou consumir em uma relação atual ou potencial).[50] Acolhe a universalidade dos consumidores de produtos e serviços.

A finalidade de tal enquadramento é instrumental e fundamenta a tutela coletiva dos direitos e interesses difusos, coletivos e individuais, conforme previsto nos artigos 81 e seguintes do Código, atribuindo um caráter de norma genérica, interpretadora e aplicável a todos os capítulos e seções do Código de Defesa do Consumidor.[51] A relação jurídica que vincula os sujeitos não é a existência de um ato de consumo propria-

[45] MIRAGEM, Bruno. *Curso de direito do consumidor.* 5ª ed. São Paulo: Revista dos Tribunais, 2014, p. 144-147.

[46] O destinatário final seria o fático e econômico do bem ou serviço, aquele que retira o produto do mercado para consumi-lo ou usá-lo, de fato, jamais para reutilizá-lo para proveito econômico. Pode ser pessoa física ou jurídica.

[47] O destinatário final seria o fático, aquele que retira do mercado e o utiliza, pura e simplesmente, mesmo que seja como parte de seu processo de produção, logo, bastaria retirar o produto do mercado. É a interpretação mais extensiva de destinatário final.

[48] BENJAMIN, Antônio Herman V.; MARQUES, Claudia Lima; BESSA, Leonardo Roscoe. *Manual de Direito do Consumidor.* 5ª ed. São Paulo: Revista dos Tribunais, 2013, p. 93-96.

[49] BESSA, Leonardo Roscoe. *Relação de consumo e aplicação do Código de Defesa do Consumidor.* 2ª ed. São Paulo: Revista dos Tribunais, 2009, p. 44 e 45.

[50] GRINOVER, Ada Pellegrini *et al. Código Brasileiro de Defesa do Consumidor comentado pelos autores do anteprojeto.* 10ª ed. Rio de Janeiro: Forense, 2011, v. 1, p. 43.

[51] BENJAMIN, Antônio Herman V.; MARQUES, Claudia Lima; BESSA, Leonardo Roscoe. *Manual de Direito do Consumidor.* 5ª ed. São Paulo: Revista dos Tribunais, 2013, p. 109.

mente dito, mas a situação do consumidor, como membro de uma coletividade, exposto às práticas dos fornecedores no mercado.[52]

O artigo 17 prevê a proteção dos consumidores *bystanders*. Os bens ou serviços devem ter requisitos mínimos de segurança para garantir que tanto o consumidor direto (quem adquiriu) quanto os demais cidadãos, que estarão expostos ao seu uso, não sofram lesões ligadas a eles.

Os consumidores *bystanders* são indivíduos alheios à relação de consumo (não são destinatários finais), mas que, em razão de vício de qualidade do bem ou serviço (fato do produto ou serviço, acidente de consumo), sofreram danos materiais ou pessoais (saúde, integridade física ou patrimônio),[53] os quais devem ser indenizados.[54]

O artigo 29 traz a última hipótese de equiparação e consiste em uma extensão do artigo 2º, porém, de modo mais abstrato e geral. Enquanto no artigo 2º exige-se que haja, ou esteja na iminência de haver, aquisição ou utilização do produto ou serviço (concretude da participação na relação consumerista), no artigo 29 do Código de Defesa do Consumidor basta a simples exposição à prática comercial (ela não precisa se exaurir para que o Código tenha efetividade).[55]

O Superior Tribunal de Justiça, por fim, pacificou em sua jurisprudência a adoção da teoria do finalismo aprofundado, que consagra que, independentemente de a pessoa ser, de fato, o destinatário final, valerá para a análise do seu enquadramento na condição de consumidor apenas a presença do elemento vulnerabilidade, assegurando assim, por completo, o equilíbrio da relação.[56]

Importante ressaltar que a vulnerabilidade não se confunde com a ideia de hipossuficiência. Hipossuficiência, presente no artigo 6º, inciso VIII, corresponde a uma condição concreta, que deve ser observada caso

[52] Miragem, Bruno. *Curso de direito do consumidor.* 5ª ed. São Paulo: Revista dos Tribunais, 2014, p. 147-148.

[53] Miragem, Bruno. *Curso de direito do consumidor.* 5ª ed. São Paulo: Revista dos Tribunais, 2014, p. 148-150.

[54] Grinover, Ada Pellegrini *et al. Código Brasileiro de Defesa do Consumidor comentado pelos autores do anteprojeto.* 10ª ed. Rio de Janeiro: Forense, 2011, v. 1, p. 216-217.

[55] Grinover, Ada Pellegrini *et al. Código Brasileiro de Defesa do Consumidor comentado pelos autores do anteprojeto.* 10ª ed. Rio de Janeiro: Forense, 2011, v. 1, p. 271-272.

[56] Benjamin, Antônio Herman V.; Marques, Claudia Lima; Bessa, Leonardo Roscoe. *Manual de Direito do Consumidor.* 5ª ed. São Paulo: Revista dos Tribunais, 2013, p. 97.

a caso, pela via judicial, e não é adequada a sua presunção sem que haja a referida análise.

A hipossuficiência depende, portanto, da discricionariedade do juiz, a quem cabe identificar ou não a existência de condição que dificulte (por razões econômicas ou materiais, lógicas, de meios para realizar prova) ao consumidor, no processo, demonstrar a veracidade de suas alegações. A principal função, uma vez detectada, é servir de justificativa para a determinação da inversão do ônus da prova.[57]

A vulnerabilidade, por sua vez, é o foco e a fundamentação da proteção aos consumidores. Pode ser presumível (principalmente quando for pessoa física consumindo), mesmo de modo abstrato (*a priori*) ou, de modo concreto (*a posteriori*), desde que o sujeito se enquadre na condição de consumidor.

Trata-se de uma situação, permanente ou provisória, individual ou coletiva, que enfraquece o sujeito de direitos, desequilibrando a relação de consumo. Com menos *expertise* que os fornecedores, os consumidores se veem em desvantagem, expostos a maiores riscos e prejuízos, os quais vão determinar os três tipos de vulnerabilidade majoritariamente reconhecidos, a fática, a técnica e a jurídica.[58]

Diz-se que o consumidor possui vulnerabilidade fática (também conhecida como econômica), pois, entre outras debilidades, é vulnerável economicamente em relação aos fornecedores, que possuem maior poder financeiro (porte econômico) e, por isso, maior força no mercado.

O fornecedor é um empresário, ou empresa, que possui facilidade para se unir a outros e praticar condutas anticoncorrenciais, como o cartel, por exemplo, e dominar o mercado ao impor os preços e não permitir que haja variação destes no mercado. As práticas anticoncorrenciais dificultam o trabalho de negociação e pesquisa dos consumidores, obrigando-os a arcar com os valores estabelecidos pelos fornecedores, abusivos ou não.[59]

[57] MIRAGEM, Bruno. *Curso de direito do consumidor.* 5ª ed. São Paulo: Revista dos Tribunais, 2014, p. 121-122.

[58] BENJAMIN, Antônio Herman V.; MARQUES, Claudia Lima; BESSA, Leonardo Roscoe. *Manual de Direito do Consumidor.* 5ª ed. São Paulo: Revista dos Tribunais, 2013, p. 97-99.

[59] MIRAGEM, Bruno. *Curso de direito do consumidor.* 5ª ed. São Paulo: Revista dos Tribunais, 2014, p. 124-125.

A vulnerabilidade técnica surge em razão da ausência de conhecimento técnico do produto ou serviço, por parte dos consumidores. Os fornecedores, por sua vez, presume-se, têm conhecimento aprofundado, o que pode facilitar o uso de manobras para enganar seus consumidores quanto às características do bem ofertado, tais como sua utilidade ou qualidade. Essa vulnerabilidade é presumida em relação aos consumidores que não são profissionais, logo, aqueles que não estejam adquirindo algo como parte de sua atividade profissional.[60-61]

A vulnerabilidade jurídica (ou científica) consiste no fato de o fornecedor estar acostumado com o processo, com o ambiente judiciário (ele é um litigante habitual), ao passo que os consumidores não conhecem todos os direitos e deveres atinentes à relação de consumo, tampouco suas consequências.

Ao contrário dos fornecedores, os consumidores não estão acostumados com o ambiente litigioso jurídico, o que gera desvantagem pela sua inexperiência e até mesmo ingenuidade. Para muitos consumidores, o mundo jurídico é algo novo, uma verdadeira aventura.[62]

Há um quarto tipo de vulnerabilidade, ainda recente na doutrina, mas que ganha bastante relevância diante do mercado de consumo moderno (novas tecnologias, comércio eletrônico e o aumento da importância da aparência, confiança, comunicação e informação). Trata-se da vulnerabilidade informacional, a qual ocorre com a prestação insuficiente de informações sobre produtos ou serviços, a ponto de influenciar na decisão sobre a aquisição ou não do bem. Uma das vulnerabilidades mais significativas da atualidade.[63]

Existem casos em que, dada a situação fática ou sua condição, apenas a declaração de vulnerabilidade do indivíduo não é suficiente, haja vista

[60] Caso o produto ou serviço seja inerente à atividade profissional (consumo intermediário) e seja desnecessário o conhecimento específico (*expertise*) para o exercício da atividade, a vulnerabilidade técnica restar-se-ia, de modo excepcional, presumida também para o consumidor profissional.

[61] Benjamin, Antônio Herman V.; Marques, Claudia Lima; Bessa, Leonardo Roscoe. *Manual de Direito do Consumidor.* 5ª ed. São Paulo: Revista dos Tribunais, 2013, p. 99-101.

[62] Miragem, Bruno. *Curso de direito do consumidor.* 5ª ed. São Paulo: Revista dos Tribunais, 2014, p. 123-124.

[63] Benjamin, Antônio Herman V.; Marques, Claudia Lima; Bessa, Leonardo Roscoe. *Manual de Direito do Consumidor.* 5ª ed. São Paulo: Revista dos Tribunais, 2013, p. 99-108.

que ele está mais exposto às práticas ilícitas ou abusivas do mercado, logo, há um desnível ainda maior na relação de consumo. Alguns consumidores, em razão do discernimento reduzido ou da falta de percepção, acarretados por fatores inerentes a eles, são mais suscetíveis às manobras comerciais e incitações praticadas pelos fornecedores.

A graduação da fraqueza e da fragilidade desses consumidores é variável e subjetiva, temporária ou contínua,[64] e apresenta-se em decorrência da enorme força do fornecedor ou quando o bem ou serviço desejado é essencial e urgente.[65] Criam-se empecilhos para o pleno acesso às informações sobre a relação de consumo ou, ainda, às que levem à alteração do consentimento, a vícios de vontade implícitos, o que configura um tipo de vulnerabilidade psíquica.[66]

A esses consumidores, com a constatação de sua hipossuficiência, do aumento de sua vulnerabilidade, dá-se a qualificação de hipervulneráveis.[67] Extrai-se dos artigos 37, §2º, e 39, inciso IV, do Código de Defesa do Consumidor que o sujeito pode se enquadrar nessa condição em razão de sua idade (idosos, crianças, bebês, jovens) ou condições ou necessidades especiais de saúde (doentes com discernimento reduzido ou acometidos por doença fatal ou incurável).

Ao analisar tais casos, deve-se ter mais sensibilidade[68] e, como consequência, as publicidades voltadas a esse público devem guardar um grau superior, mais qualificado, de boa-fé, do contrário, cabível a aplicação de indenização por danos morais diferenciados, mais gravosos, uma vez que é necessário respeitar a proporcionalidade dessa situação fática, mais

[64] GAUDENCIO, Aldo Cesar Filgueiras. *Da vulnerabilidade à hipervulnerabilidade: proteção contratual dos consumidores nos direitos da União Européia, Portugal e Brasil.* Coimbra, 2015, p. 101. Disponível em: <http://hdl.handle.net/10316/30146>. Acesso em: 30 set. 2016.

[65] BENJAMIN, Antônio Herman V.; MARQUES, Claudia Lima; BESSA, Leonardo Roscoe. *Manual de Direito do Consumidor.* 5ª ed. São Paulo: Revista dos Tribunais, 2013, p. 105.

[66] MIRAGEM, Bruno. *Curso de direito do consumidor.* 5ª ed. São Paulo: Revista dos Tribunais, 2014, p. 124-125.

[67] GRINOVER, Ada Pellegrini *et al. Código Brasileiro de Defesa do Consumidor comentado pelos autores do anteprojeto.* 10ª ed. Rio de Janeiro: Forense, 2011, v. 1, p. 384.

[68] AZEVEDO, Fernando Costa de. *O reconhecimento jurídico da hipervulnerabilidade de certos grupos de consumidores como expressão de um sentido material de justiça no contexto da sociedade de consumo contemporânea.* Disponível em: <http://imagensdajustica.ufpel.edu.br/anais/trabalhos/GT%207/GT%207%20-%20AZEVEDO,%20Fernando%20Costa%20de.pdf>. Acesso em: 30 set. 2016.

danosa (não se equipara com a potencialidade de lesão à qual os consumidores *standards* ou equiparados estão expostos).[69]

O Código de Defesa do Consumidor realiza diálogo com leis especiais protetivas, quando possível. Dois exemplos são os das crianças e adolescentes (Estatuto da Criança e do Adolescente - ECA, Lei nº 8.069/1990) e o dos idosos (Estatuto do Idoso - Lei nº 10.741/2003).[70] Ambos com proteção constitucional (decorrentes do princípio da dignidade da pessoa humana),[71] em seus artigos 227 e 230, de modo respectivo.

As crianças e os adolescentes já possuem a vulnerabilidade como um estado *a priori*, devido ao maior grau de facilidade com que podem ser feridos ou se tornar vítimas de consumo (falta de maturidade física e intelectual). A gravidade dos danos aumenta de dimensão quando a vítima é uma criança ou adolescente.

As crianças e os adolescentes ganharam maior visibilidade, dada a sua relevante participação no mercado de consumo. São capazes de influenciar os hábitos de consumo dos adultos,[72] com incentivos ao consumo de produtos e serviços relacionados aos seus interesses,[73] ou mesmo dos próprios pais e familiares.[74] Nesse cenário, as publicidades e os apelos de *marketing* voltados a esses indivíduos são mais intensos, mais agressivos (apelativos), motivo suficiente para lhes assegurar maior proteção.

Os idosos terão a proteção conjunta com o Estatuto do Idoso. Sua relevância no mercado de consumo é bastante alta, haja vista que já possuem capital de consumo, fruto dos anos já trabalhados, e estão cada

[69] Benjamin, Antônio Herman V.; Marques, Claudia Lima; Bessa, Leonardo Roscoe. *Manual de Direito do Consumidor.* 5ª ed. São Paulo: Revista dos Tribunais, 2013, p. 104-105.

[70] Benjamin, Antônio Herman V.; Marques, Claudia Lima; Bessa, Leonardo Roscoe. *Manual de Direito do Consumidor.* 5ª ed. São Paulo: Revista dos Tribunais, 2013, p. 105.

[71] Gaudencio, Aldo Cesar Filgueiras. *Da vulnerabilidade à hipervulnerabilidade: proteção contratual dos consumidores nos direitos da União Européia, Portugal e Brasil.* Coimbra, 2015, p. 102. Disponível em: <http://hdl.handle.net/10316/30146>. Acesso em: 30 set. 2016.

[72] Parentes e familiares.

[73] Quando a criança ou adolescente instiga seus parentes a adquirir produtos ou serviços para uso próprio.

[74] Quando a criança ou adolescente serve de canal pelo qual as ações de *marketing* ou publicitárias de produtos e serviços chegam aos adultos próximos a elas.

vez mais presentes e atuantes, dado o efeito do envelhecimento global (redução da taxa de natalidade e o aumento da expectativa de vida).

São mais vulneráveis que o consumidor médio em razão da diminuição ou perda da aptidão física ou intelectual, bem como encontram maiores dificuldades para o uso de alguns produtos ou serviços (via de regra, os que envolvem tecnologia avançada), tornando-os mais suscetíveis à atuação negocial dos fornecedores.[75]

Os fornecedores são os sujeitos que, em conjunto com os consumidores, complementam a relação de consumo. Sua definição está no artigo 3º do CDC, que classifica como fornecedores todas as pessoas, físicas ou jurídicas, públicas ou privadas, que desenvolvam atividade de produção, montagem, criação, construção, transformação, importação, exportação, distribuição ou comercialização[76] de produtos ou serviços, entenda-se, os que desenvolvem, com habitualidade, atividade com finalidade econômica.[77-78]

As definições dos conceitos de consumidor, vulnerabilidade e fornecedor servem para demonstrar quem são os sujeitos que participam da relação de consumo e qual é o fundamento que motiva a sua proteção jurídica, não obstante a existência de uma regulamentação de Direito Civil.

O Código de Defesa do Consumidor, em seu artigo 6º, traz suas normas basilares, aqueles direitos dos consumidores, e deveres dos fornecedores, para os quais se espera cumprimento, e que garantem um mínimo de proteção necessária ao equilíbrio da relação de consumo, sem descartar a possibilidade de diálogo das fontes.[79]

Os direitos básicos dos consumidores são classificados como indisponíveis, irrenunciáveis e intransmissíveis, tamanha sua essencialidade para a proteção da integridade da pessoa humana consumidora em suas

[75] MIRAGEM, Bruno. *Curso de direito do consumidor.* 5ª ed. São Paulo: Revista dos Tribunais, 2014, p. 125-130.

[76] Rol elencado no artigo 3º, *caput*, do Código de Defesa do Consumidor.

[77] GRINOVER, Ada Pellegrini *et al. Código Brasileiro de Defesa do Consumidor comentado pelos autores do anteprojeto.* 10ª ed. Rio de Janeiro: Forense, 2011, v. 1, p. 47-48.

[78] PASQUALOTO, Adalberto. O destinatário final e o "consumidor intermediário". *Revista de Direito do Consumidor,* São Paulo: Revista dos Tribunais, v. 74, p. 24, abr./-jun. 2010.

[79] Método de interpretação sistemática no direito brasileiro. Aproveitam-se outras normas que assegurem os mesmos direitos ou outros correlatos, em legislações especiais ou gerais.

relações jurídicas e econômicas concretas e seus interesses legítimos.[80] Dentre o rol estabelecido pelo artigo 6º, serão tratados apenas os mais relevantes para o presente estudo, no intuito de elucidar melhor e dar foco ao tema pretendido.

Os direitos à vida, à saúde e à segurança são os mais importantes entre os elencados no artigo 6º do CDC, e estão presentes no seu inciso I. São considerados os direitos mais importantes, pois garantem a integridade física do indivíduo, conforme determinam a Constituição Federal e os Direitos Humanos,[81] e pelo seu posicionamento no primeiro inciso do artigo, assumindo-se a premissa, de modo abstrato, que haja um grau mais elevado de urgência nessa proteção.[82]

Objetiva-se garantir a segurança das pessoas ao consumirem determinados produtos ou serviços que possam gerar algum perigo à sua integridade (física e moral),[83] ou seja, estar-se-á protegendo seu bem mais valioso, o qual deve ser assegurado por toda a cadeia de fornecedores.[84]

São decorrências desses direitos os deveres dos fornecedores de prestar informações sobre os riscos que os produtos ou serviços possam apresentar e de retirá-los do mercado caso venham a apresentar falhas e riscos além dos previstos, com a necessária comunicação às autoridades competentes.[85]

A liberdade de escolha (inciso II do artigo 6º do CDC) visa garantir a autonomia da vontade quando da escolha de algum produto ou serviço, evitando-se manipulações que porventura possam ocorrer, principalmente diante das atuais estratégias de *marketing*, muito agressivas e cada vez mais apelativas, as quais podem induzir o consumidor em erro

[80] Miragem, Bruno. *Curso de direito do consumidor.* 5ª ed. São Paulo: Revista dos Tribunais, 2014, p. 195-197.

[81] Levando-se em consideração que se vive em uma sociedade de riscos, pois muitos produtos, serviços e práticas comerciais são efetivamente danosos para os consumidores.

[82] Juridicamente falando, não existe, de forma concreta, qualquer predileção normativa. Trata-se de uma análise e entendimento doutrinário.

[83] Miragem, Bruno. *Curso de direito do consumidor.* 5ª ed. São Paulo: Revista dos Tribunais, 2014, p. 197.

[84] Benjamin, Antônio Herman V.; Marques, Claudia Lima; Bessa, Leonardo Roscoe. *Manual de Direito do Consumidor.* 5ª ed. São Paulo: Revista dos Tribunais, 2013, p. 70-71.

[85] Grinover, Ada Pellegrini *et al. Código Brasileiro de Defesa do Consumidor comentado pelos autores do anteprojeto.* 10ª ed. Rio de Janeiro: Forense, 2011, v. 1, p. 153.

quanto ao seu real desejo e deturpar aspectos do produto ou serviço desejado (preço disposto a pagar, qualidade necessária, tamanho, marca de preferência e outros).[86]

O direito à informação (inciso III do artigo 6º do CDC) surge como uma complementação aos incisos anteriores.[87] A pretensão é assegurar a transparência nas relações entre consumidor e fornecedor, com a prestação de informações claras e adequadas,[88] seja no momento da contratação ou durante todo o período de execução do contrato.

Assegura, de forma reflexa, a liberdade de escolha e a equidade informacional das partes.[89] Caso não seja respeitado, o contrato entabulado é passível de nulidade, entre outros motivos, pelo desrespeito à boa-fé objetiva, pois, a depender da informação prestada, pode ter força suficiente para alterar o interesse ou não do consumidor quanto à aquisição do produto ou serviço.[90]

A transparência e a boa-fé, nos contratos, nas publicidades, ou até mesmo na atividade da venda em si, são outros direitos que visam restabelecer o equilíbrio na relação, fazendo com que as vantagens para os fornecedores diminuam, uma vez que, reitere-se, o consumidor é o vulnerável da relação, pois os fornecedores são os especialistas, sabendo os pontos fortes e fracos do produto ou serviço.

Trata-se de direito previsto nos incisos IV e V do artigo 6º do CDC, ao se determinar "a proteção contra a publicidade enganosa e abusiva, métodos comerciais coercitivos ou desleais, bem como contra práticas e cláusulas abusivas ou impostas no fornecimento de produtos e serviços".[91]

[86] BENJAMIN, Antônio Herman V.; MARQUES, Claudia Lima; BESSA, Leonardo Roscoe. *Manual de Direito do Consumidor.* 5ª ed. São Paulo: Revista dos Tribunais, 2013, p. 71-72.

[87] GRINOVER, Ada Pellegrini *et al. Código Brasileiro de Defesa do Consumidor comentado pelos autores do anteprojeto.* 10ª ed. Rio de Janeiro: Forense, 2011, v. 1, p. 154.

[88] Completa, gratuita e útil, não pode ser redundante ou destituída de serventia ao consumidor, sob o risco de confundi-lo.

[89] MIRAGEM, Bruno. *Curso de direito do consumidor.* 5ª ed. São Paulo: Revista dos Tribunais, 2014, p. 202.

[90] BENJAMIN, Antônio Herman V.; MARQUES, Claudia Lima; BESSA, Leonardo Roscoe. *Manual de Direito do Consumidor.* 5ª ed. São Paulo: Revista dos Tribunais, 2013, p. 72-75.

[91] BENJAMIN, Antônio Herman V.; MARQUES, Claudia Lima; BESSA, Leonardo Roscoe. *Manual de Direito do Consumidor.* 5ª ed. São Paulo: Revista dos Tribunais, 2013, p. 75-76.

Os consumidores são leigos, não possuem contato diário com as mercadorias, conhecendo-as apenas a partir do momento de sua aquisição, com base nas instruções prestadas pelo fornecedor e no uso regular. Os fornecedores, por sua vez, estão proibidos de utilizar tal vantagem em benefício próprio.

Ficam vedadas as práticas e o estabelecimento de cláusulas abusivas (abuso nas cláusulas contratuais, exorbitância, onerosidade excessiva[92]),[93] ou seja, o desrespeito aos padrões de conduta negocial regularmente estabelecidos ou que violem a boa-fé e a confiança dos consumidores (tanto no momento da oferta quanto da execução do contrato).[94]

O inciso VI do artigo 6º, do CDC, traz o direito à prevenção (com deveres positivos[95] e negativos[96])[97] e à reparação de danos aos consumidores, sejam eles morais, patrimoniais, individuais ou coletivos. É direito inafastável, nenhuma cláusula contratual tem o poder de suprimi-lo, autorizada, ainda, a desconsideração da personalidade jurídica,[98] se necessário.[99]

Para que seja legítima a pretensão indenizatória, devem coexistir três pressupostos, a conduta, o nexo causal e o dano, no intuito de atribuir o encargo a quem de direito, com o objetivo de retornar o lesado ao seu *status quo ante,* ou, quando não for possível, atenuar ao máximo o prejuízo sofrido (dor, abalo psicológico, por exemplo), com o respeito a critérios de razoabilidade e proporcionalidade.[100]

[92] Amparo ante os contratos de adesão.

[93] GRINOVER, Ada Pellegrini *et al. Código Brasileiro de Defesa do Consumidor comentado pelos autores do anteprojeto.* 10ª ed. Rio de Janeiro: Forense, 2011, v. 1, p. 155.

[94] MIRAGEM, Bruno. *Curso de direito do consumidor.* 5ª ed. São Paulo: Revista dos Tribunais, 2014, p. 203.

[95] Dever de informar aos consumidores sobre os riscos do produto ou serviço introduzido no mercado.

[96] Dever de abstenção, de não introduzir no mercado produtos que se sabe, ou deveria saber, que apresentem alto grau de nocividade à segurança ou à saúde dos consumidores.

[97] MIRAGEM, Bruno. *Curso de direito do consumidor.* 5ª ed. São Paulo: Revista dos Tribunais, 2014, p. 211-212.

[98] Separação patrimonial entre a pessoa jurídica e seus sócios.

[99] BENJAMIN, Antônio Herman V.; MARQUES, Claudia Lima; BESSA, Leonardo Roscoe. *Manual de Direito do Consumidor.* 5ª ed. São Paulo: Revista dos Tribunais, 2013, p. 78-82.

[100] SANTANA, Héctor Valverde. *Dano moral no direito do consumidor.* São Paulo: Revista dos Tribunais, 2009, p. 190.

Os incisos VII[101] e VIII do artigo 6º do CDC são as formas de garantir o cumprimento do que está insculpido no inciso VI desse mesmo artigo. Asseguram a proteção jurídica e administrativa dos consumidores, o seu acesso aos órgãos judiciários e administrativos para que estes determinem a reparação dos danos causados ou a sua prevenção, diante da sua iminência, sob a forma de sanção judicial ou administrativa.

Estipulam mecanismos que facilitam o acesso e permitem a equiparação de condições nos âmbitos judiciário e administrativo, quando cabíveis, dada a vulnerabilidade jurídica dos consumidores, estimulando a busca pelos órgãos competentes e contribuindo para que o maior número de danos ou acidentes de consumo sejam reparados ou indenizados.

A inversão do ônus da prova é um exemplo de facilitação da defesa dos direitos dos consumidores que merece especial atenção. Ao contrário da vulnerabilidade, presumida logo após a identificação do indivíduo na condição de ser consumidor, ela exige a análise do caso concreto.

Concede autorização ao magistrado (a seu critério, conforme análise dos requisitos[102]) de inverter o ônus da prova em favor do consumidor (retira esse encargo, o qual é muito difícil de ser cumprido pelos consumidores, em virtude do limitado e reduzido acesso às provas, via de regra, na posse dos fornecedores),[103] ou seja, quem deverá fornecer documentos comprobatórios,[104] provar a veracidade ou não dos fatos, será o fornecedor.[105]

É um dos mais importantes instrumentos que contribuem para o equilíbrio na relação de consumo, pois retiram os fornecedores do seu

[101] Brasil, CDC. "Art. 6º, inciso VII. O acesso aos órgãos judiciários e administrativos com vistas à prevenção ou reparação de danos patrimoniais e morais, individuais, coletivos ou difusos, assegurada a proteção jurídica, administrativa e técnica aos necessitados."

[102] A situação deve se enquadrar em duas hipóteses, sendo necessária a existência de verossimilhança na alegação ou a hipossuficiência do autor da ação, facilitando dessa forma a defesa de seus direitos.

[103] Cabral, Érico de Pina. *Inversão do ônus da prova no processo civil do consumidor.* São Paulo: Método, 2008, p. 331-333.

[104] Por se tratar de um direito básico do consumidor, ainda que o magistrado não conceda a inversão em primeiro grau, os magistrados das instâncias superiores ainda poderão fazê-lo.

[105] Miragem, Bruno. *Curso de direito do consumidor.* 5ª ed. São Paulo: Revista dos Tribunais, 2014, p. 216-225.

estado de conforto, de soberania, e os nivelam a um patamar equivalente ao dos consumidores. Veda-se toda estipulação de cláusula ou contrato de consumo que determine a inversão do ônus da prova de forma contrária, exclusivamente em favor do fornecedor, considerados, portanto, inválidos.[106]

O último inciso do artigo 6º do CDC, de número X, encerra o rol dos direitos básicos do consumidor. Mais uma vez, mostra-se presente a pretensão de complementação dos demais incisos, no caso, o inciso VI. Determina que os serviços públicos, executados mediante o regime de concessão, também estão sob a vigilância das normas de direito do consumidor, devendo ser prestados de forma adequada e eficaz, sob pena de sanções administrativas e de reparação dos danos causados.

Trata-se de uma interpretação lógica, pois não é porque o serviço é público que os cidadãos deixarão de se enquadrar na condição de consumidores perante as concessionárias, afinal, o próprio Poder Público é enquadrado na condição de fornecedor remunerado mediante preços públicos e tarifas.[107] Aliás, em situações como estas, a vulnerabilidade está ainda mais realçada, e faz jus, por derradeiro, a todos os direitos básicos elencados.[108]

O artigo 6º do CDC busca regulamentar as proteções básicas dos consumidores, jamais colocá-los em posição de vantagem perante os fornecedores. Do contrário, estar-se-ia desvirtuando o propósito do Código de Defesa do Consumidor, que busca apenas a igualdade de condições (justiça social),[109] o patamar mínimo de equilíbrio de direitos e deveres

[106] BENJAMIN, Antônio Herman V.; MARQUES, Claudia Lima; BESSA, Leonardo Roscoe. *Manual de Direito do Consumidor.* 5ª ed. São Paulo: Revista dos Tribunais, 2013, p. 83-85.

[107] GRINOVER, Ada Pellegrini *et al. Código Brasileiro de Defesa do Consumidor comentado pelos autores do anteprojeto.* 10ª ed. Rio de Janeiro: Forense, 2011, v. 1, p. 168-169.

[108] BENJAMIN, Antônio Herman V.; MARQUES, Claudia Lima; BESSA, Leonardo Roscoe. *Manual de Direito do Consumidor.* 5ª ed. São Paulo: Revista dos Tribunais, 2013, p. 86.

[109] GUIMARÃES, Paulo Jorge Scartezzini. *A publicidade ilícita e a responsabilidade civil das celebridades que dela participam.* São Paulo: Revista dos Tribunais, 2001. p. 109.

nos contratos, na relação de consumo, com critérios equitativos, razoabilidade e coerência[110] para tanto.[111]

1.2.3. A Proteção pela Via Administrativa e os Principais Órgãos de Proteção aos Consumidores do Brasil

Para dar efetividade às imposições constitucionais e infraconstitucionais que tutelam os direitos dos consumidores, alguns órgãos assumem o papel de fiscais e auxiliares da lei. O Sistema Nacional de Defesa do Consumidor está previsto no artigo 105 do Código de Defesa do Consumidor, que estabelece que este é composto por órgãos federais, estaduais, do Distrito Federal e municipais e por entidades privadas de defesa do consumidor.

Almeja o cumprimento do dever de proteger os consumidores e garantir a eficácia social da lei, haja vista as grandes dimensões territoriais do Brasil, no âmbito administrativo, autorizada, aos órgãos públicos competentes, em consonância com as regras do Código de Defesa do Consumidor, a regência das relações de consumo, com ênfase nos direitos à informação e à participação dos consumidores, assim como na repressão a infrações puníveis administrativamente.[112]

Viabiliza a Política Nacional das Relações de Consumo, com o atendimento das necessidades dos consumidores, o respeito à sua dignidade, saúde e segurança, a proteção de seus interesses econômicos, a melhoria da sua qualidade de vida, bem como a transparência e harmonia das relações de consumo, conforme insculpido no artigo 4º, *caput*, do Código de Defesa do Consumidor.[113]

Cabe à Secretaria Nacional do Consumidor (Senacon), órgão federal integrante do Ministério da Justiça, realizar a coordenação desse sistema. Promove-se a manutenção de assistência jurídica, integral e gratuita para o consumidor carente (Defensoria Pública), a instituição

[110] Dentro da realidade social e seus interesses, na busca pela solução justa, equilibrada, ao passo que acompanha sua evolução, com dinamicidade.

[111] AMARANTE, Maria Cecília Nunes. *Justiça ou equidade nas relações de consumo.* Rio de Janeiro: Lumen Juris, 1998, p. 85-94.

[112] BITTAR, Carlos Alberto. *Direitos do consumidor: Código de Defesa do Consumidor.* 6ª ed. Rio de Janeiro: Forense Universitária, 2003, p. 79-84.

[113] BENJAMIN, Antônio Herman V.; MARQUES, Claudia Lima; BESSA, Leonardo Roscoe. *Manual de Direito do Consumidor.* 5ª ed. São Paulo: Revista dos Tribunais, 2013, p. 404-405.

de Promotorias de Justiça de Defesa do Consumidor, de delegacias de polícia especializadas e estimula o desenvolvimento de Associações de Defesa do Consumidor.[114]

A atuação dos órgãos que compõem o Sistema Nacional de Defesa do Consumidor pode se dar de ofício, mediante requisição do Poder Executivo, ou por entidades legitimadas, autorizada a atuação por provocação dos interessados ou suas respectivas associações,[115] e de modo coordenado, com competência concorrente entre si, sem que haja um critério legal expresso para delimitá-la, em respeito ao poder-dever do Estado de defender o consumidor,[116] impondo-se aos órgãos federais, estaduais, distritais e municipais a obrigação de manter comissões permanentes para elaboração, revisão e atualização das suas respectivas normas, com participação obrigatória de consumidores e fornecedores (modo de efetivar o ajuste às realidades do mercado e aos interesses próprios do momento).[117]

Para que seja possível coibir e punir, no âmbito administrativo, as infrações cometidas pelo setor de consumo, há a previsão da possibilidade de aplicação de sanções por parte desses órgãos, dentro de suas atribuições, sem prejuízo das de caráter civil e penal, e em processo administrativo próprio, assegurada a ampla defesa.

São exemplos de sanções administrativas as multas,[118] penas de apreensão, inutilização de bens, de proibição de fabricação de produtos, de suspensão de fornecimento, cassação de registro e revogação da concessão ou permissão de uso do produto, todos para os casos de vícios de qualidade ou quantidade, de inadequação ou de segurança.

[114] MIRAGEM, Bruno. *Curso de direito do consumidor.* 5ª ed. São Paulo: Revista dos Tribunais, 2014, p. 741-744.

[115] BITTAR, Carlos Alberto. *Direitos do consumidor: Código de Defesa do Consumidor.* 6ª ed. Rio de Janeiro: Forense Universitária, 2003, p. 84.

[116] MIRAGEM, Bruno. *Curso de direito do consumidor.* 5ª ed. São Paulo: Revista dos Tribunais, 2014, p. 754-755.

[117] BITTAR, Carlos Alberto. *Direitos do consumidor: Código de Defesa do Consumidor.* 6ª ed. Rio de Janeiro: Forense Universitária, 2003, p. 85.

[118] Aplicadas conforme definido em lei e graduada de acordo com a gravidade da infração, a condição econômica do fornecedor e a vantagem obtida. O valor recebido será revertido, se no âmbito nacional, para abastecer o fundo nacional próprio (Lei nº 7.347/1985), ou fundos estaduais de defesa do consumidor, nos demais casos.

Há também a possibilidade de se determinar, concomitantemente, a obrigação de realizar contrapropaganda, às custas do infrator, quando incorrer em infração por publicidade enganosa ou abusiva. Para o caso de reincidência em infrações de maior gravidade, são previstas as penas de cassação de alvará de licença, interdição e suspensão temporária da atividade.[119]

1.2.3.1. Promotoria de Defesa do Consumidor

Nas últimas décadas, reforçadas pela promulgação da Constituição Federal em 1988,[120] várias leis têm ampliado as hipóteses de atuação do Ministério Público, o qual tem se destacado na defesa de direitos coletivos relacionados ao meio ambiente, patrimônio público e aos consumidores.

O Ministério Público possui absoluta autonomia financeira, administrativa e funcional, razão pela qual se entende que não integra, formalmente, o Sistema Nacional de Defesa do Consumidor, não obstante sua relevante atuação, articulada com outros Ministérios Públicos, Procons, entidades civis, todos que direta ou indiretamente promovem a proteção dos interesses dos consumidores.

A criação de uma Promotoria de Defesa do Consumidor depende da organização interna da instituição (Ministério Público), e se faz presente nas capitais dos Estados, com atuação exclusiva do promotor. Nas cidades menores, costuma-se imputar ao promotor local múltiplas funções, perdendo esse caráter de exclusividade de atuação.

A Promotoria de Defesa do Consumidor, nos termos dos artigos 81 e 82 do Código de Defesa do Consumidor, protege os interesses e direitos coletivos dos consumidores, difusos, coletivos e individuais homogêneos. É uma defesa ampla, que surge em decorrência da massificação do mercado e do número indefinido de consumidores por ela afetados.

Nos casos que envolvam serviços públicos, o promotor deverá analisar caso a caso os danos ocorridos, sua extensão e o número de pessoas

[119] BITTAR, Carlos Alberto. *Direitos do consumidor: Código de Defesa do Consumidor.* 6ª ed. Rio de Janeiro: Forense Universitária, 2003, p. 85-87.

[120] *Vide* artigos 127 e 129, inciso III, da Constituição Federal.

afetadas, com a adoção do princípio da razoabilidade dos serviços públicos, norteado pela essencialidade e urgência do serviço prestado.[121]

Cabe à Promotoria de Defesa do Consumidor a instauração de inquérito civil ou procedimento de investigação preliminar, mediante a realização de várias diligências investigatórias,[122] com atuação, na maioria dos casos, perante a Justiça Federal.

Comprovada a infração, convoca-se a empresa para a assinatura de um termo de ajustamento de conduta (TAC), com previsão de aplicação de multa por descumprimento futuro, acatado, via de regra. Caso seja recusada a assinatura do termo, ajuíza-se ação coletiva levando a lide para o âmbito do Poder Judiciário.[123]

1.2.3.2. Defensoria Pública e as Delegacias do Consumidor

A Defensoria Pública, prevista no artigo 134 da Constituição Federal, possui a função de prestar orientação e assistência jurídica, em todos os graus, aos necessitados ou hipossuficientes financeiros que não tenham condições de contratar advogado particular. Possui importante papel visando garantir o efetivo acesso ao Judiciário, nas mais variadas relações sociais.

Além de permitir o acesso ao Judiciário, deve-se contextualizar o fato de que muitos consumidores, pertencentes às classes mais baixas, não possuem condições de absorver qualquer tipo de lesão, mesmo as menores, como ocorre com os de maior poder aquisitivo. Os danos sofridos por esses grupos de consumidores economicamente menos favorecidos geram consequências mais graves e que exigem soluções mais rápidas.

A Defensoria Pública é a responsável pela defesa dos interesses, na maioria dos casos, desse tipo de consumidor, seja individual ou coletivo (ações civis públicas), na busca pela redução de perdas ocorridas em decorrência de lesões, mesmo mínimas, exercendo diretamente a defesa do consumidor, mesmo não integrando formalmente, a exemplo das

[121] MARTINS, Plínio Lacerda. *O Ministério Público e o Código de Defesa do Consumidor.* Rio de Janeiro: Lumen Juris, 1996, p. 1-2.

[122] Notificar testemunhas, determinar sua condução coercitiva, requisitar informações e documentos de entidades públicas e privadas, exames, perícias, acessar bancos de dados públicos e privados e exigir auxílio de força policial, quando necessário.

[123] BENJAMIN, Antônio Herman V.; MARQUES, Claudia Lima; BESSA, Leonardo Roscoe. *Manual de Direito do Consumidor.* 5ª ed. São Paulo: Revista dos Tribunais, 2013, p. 405-408.

Promotorias de Defesa do Consumidor, o Sistema Nacional de Defesa do Consumidor.

As Delegacias do Consumidor, fundamentadas no artigo 5º, inciso III, do Código de Defesa do Consumidor, atuam na proteção dos consumidores dentro da esfera penal. Não obstante a previsão legal, não são todas as cidades que possuem uma delegacia exclusiva para apurar infrações penais de consumo, a qual depende do interesse estadual para que seja criada.

Em respeito ao princípio da reserva legal (artigo 5º, inciso XXXIX, da Constituição Federal), apenas condutas definidas como infração penal devem ser levadas às delegacias. Recebida a notícia de crime contra as relações de consumo, a Delegacia do Consumidor inicia as investigações e apura, mediante inquérito policial ou termo circunstanciado, as circunstâncias do caso e a autoria.

Com o fim das investigações, toda a documentação, provas e fatos apurados são encaminhados ao promotor de justiça (com atribuição penal), que decidirá pelo arquivamento do inquérito ou pela instauração de processo criminal contra os supostos autores do crime (fornecedores).[124]

1.2.3.3. Procon

O Procon – Procuradoria do Consumidor[125] – é uma designação simplificada dos órgãos estaduais, distritais e municipais de defesa do consumidor. Nos termos dos artigos 55 a 60 do Código de Defesa do Consumidor, sua função é aplicar, diretamente, as sanções administrativas aos fornecedores que descumpriram as normas de proteção ao consumidor, quaisquer delas, mesmo que esteja fora do corpo normativo do CDC, como uma finalidade preventiva e repressiva.

Deve-se cumprir normas gerais para a aplicação das sanções administrativas, para validá-las. Oportuniza-se ao fornecedor o pleno conhecimento do teor da representação a ele dirigida, facultando-lhe contra-argumentar e apresentar provas que demonstrem a sua improce-

[124] BENJAMIN, Antônio Herman V.; MARQUES, Claudia Lima; BESSA, Leonardo Roscoe. *Manual de Direito do Consumidor.* 5ª ed. São Paulo: Revista dos Tribunais, 2013, p. 408-411.

[125] MELLO, Sônia Maria Vieira de. *O direito do consumidor na era da globalização: a descoberta da cidadania.* Rio de Janeiro: Renovar, 1998, p. 147.

dência (ampla defesa e contraditório), com a possibilidade de imposição de sanções administrativas.

Outra função do Procon é a de prestar informações sobre os direitos do consumidor (por meio de cartilhas, atendimento telefônico ou acesso a páginas da internet) e de conciliação entre as partes litigantes. Consiste em uma primeira fase da busca do consumidor por seus direitos, que, via de regra, formula reclamação perante órgão como uma tentativa preliminar de solucionar seu problema, antes de um litígio judicial.

A busca pelo Procon não exclui a possibilidade de acesso simultâneo ao Poder Judiciário. Ademais, a sanção pode ser aplicada mesmo depois de o fornecedor corrigir o problema; no entanto, caso este proceda desse modo, terá sua punição atenuada, o que demonstra que a pretensão primeira do órgão é a diminuição dos efeitos e a inibição da reiteração da conduta, e não a simples aplicação de indenização em favor dos consumidores.

Embora incomum, alguns Procons possuem legitimidade, fundamentada no artigo 83, inciso III, do CDC, para ajuizar ação coletiva para a tutela de direitos difusos, coletivos, individuais homogêneos do consumidor, divulgando, por vezes, listas e cadastros anuais contendo o rol de "maus fornecedores" baseados nas reclamações recebidas, bem como informando se a empresa resolveu ou não o problema, auxiliando os consumidores em geral na hora de decidir com quem contratar para adquirir produto ou serviço.[126]

1.2.3.4. Associações Civis e Outros Órgãos de Defesa do Consumidor

Em conjunto com os órgãos estatais, as associações civis, organizações não governamentais, desenvolvem importante papel na defesa dos consumidores. São associações privadas, sem fins lucrativos, criadas por grupos de pessoas que buscam a defesa individual e coletiva dos interesses do consumidor, seja por meios educativos (realização de atividades de difusão e pesquisas sobre o tema), seja com a promoção, de forma direta e indireta, da maior eficácia do direito do consumidor no país.

O surgimento de associações civis é incentivado pelo Código de Defesa do Consumidor, em seus artigos 4º, inciso II, e 5º, inciso V, e

[126] BENJAMIN, Antônio Herman V.; MARQUES, Claudia Lima; BESSA, Leonardo Roscoe. *Manual de Direito do Consumidor.* 5ª ed. São Paulo: Revista dos Tribunais, 2013, p. 411-414.

trata-se, inclusive, de um dos objetivos da Política Nacional das Relações de Consumo. São organizações da sociedade civil para a defesa de seus interesses, autorizadas a ajuizar ações coletivas que possam beneficiar tanto seus associados quanto os demais consumidores que se encontrem em situação equivalente (artigo 82, inciso IV, do CDC).

O Instituto Brasileiro de Política e Direito do Consumidor (Brasilcon) é um exemplo de entidade civil atuante na proteção dos direitos do consumidor no Brasil. É uma associação civil de âmbito nacional, de caráter científico, técnico e pedagógico, sem fins lucrativos, que tem como objetivos promover a implementação dos direitos do consumidor, buscar a harmonização de sua proteção em conjunto com o desenvolvimento econômico-social (por um mercado transparente e justo), realizar atividades de pesquisa, estudo, elaboração, coleta e difusão de dados sobre a proteção, entre inúmeros outros que acrescentam bastante ao aperfeiçoamento do mercado de consumo e à efetivação da proteção aos consumidores.[127]

Existem ainda outros órgãos que contribuem para a proteção dos direitos do consumidor, mesmo que de forma indireta e não fazendo parte do Sistema Nacional de Defesa do Consumidor. Estão incumbidos do dever de agir de modo articulado e em sintonia com os órgãos públicos cuja função principal é a proteção dos consumidores, em respeito ao mandamento constitucional previsto no artigo 5º, inciso XXXII, da Constituição Federal.

São os casos das agências criadas para fiscalizar atividades econômicas específicas, em breve síntese, pode-se citar os exemplos da Agência Nacional de Energia Elétrica (Aneel), Agência Nacional de Telecomunicações (Anatel), Instituto Nacional de Metrologia, Normalização e Qualidade Industrial (Inmetro), Instituto Brasileiro de Turismo (Embratur), Agência Nacional de Aviação Civil (Anac), Banco Central do Brasil, entre outros.[128]

[127] Benjamin, Antônio Herman V.; Marques, Claudia Lima; Bessa, Leonardo Roscoe. *Manual de Direito do Consumidor.* 5ª ed. São Paulo: Revista dos Tribunais, 2013, p. 420-421.

[128] Benjamin, Antônio Herman V.; Marques, Claudia Lima; Bessa, Leonardo Roscoe. *Manual de Direito do Consumidor.* 5ª ed. São Paulo: Revista dos Tribunais, 2013, p. 427.

Capítulo 2

O Turismo e seus Consumidores no Brasil

O homem, por natureza, é curioso, e esta é a principal razão da sua evolução histórica e tecnológica. Estimulados por essa curiosidade, bem como por interesses bélicos, religiosos e comerciais, os seres humanos partiram nas mais incríveis jornadas[129] e, como resultado, desbravaram novas terras, ampliaram seus horizontes, seus territórios, ao passo que descobriram e aprenderam novas culturas e novos povos, integrando-se e constituindo a sociedade moderna.

Com o aperfeiçoamento dos meios de transporte, essas aventuras se tornaram cada vez mais ousadas, perfazendo maiores distâncias em menor tempo. Nos primórdios, os meios de transportes eram animais (cavalos, camelos e mulas, em sua maioria), o que condicionava a jornada à resistência física (fadiga) destes e ao tipo de terreno que lhes era possível percorrer.

Passados os anos, surgiram barcos a motor, trens, automóveis, aeronaves, entre diversos outros veículos, muitos deles gerados em decorrência dos avanços proporcionados pela Revolução Industrial no século XIX, razão pela qual esse período é considerado como o marco inicial do desenvolvimento do turismo moderno.

Além de mais velozes, não possuíam obstáculos, com o aproveitamento de rios, oceanos e do espaço aéreo. Foi possível atingir qualquer parte da superfície do planeta. Com a facilitação da viagem, há uma fragmentação, uma compressão, dos limites de espaço e de tempo, a qual

[129] Registradas pelas histórias gregas (Homero e Heródoto) e nos períodos feudal (após as invasões bárbaras), das grandes navegações, cruzadas e outros.

resulta na formação de uma espécie de "aldeia global", com interdependências econômicas, um mundo conectado e globalizado.[130]

Tornou-se mais fácil e rápido viajar e, por consequência, o turismo desenvolveu-se como uma das mais relevantes atividades econômicas do mundo, pois gera muito dinheiro, movimenta imensas somas em impostos e cria oportunidades para o surgimento de empregos e novas áreas de mercado.[131]

O turismo é um fenômeno complexo e diversificado, que pode ser emissivo (saída de indivíduos para conhecer outros locais) ou receptivo (receber turistas vindos de outros locais), nacional (praticado por turistas de um determinado país, dentro de suas fronteiras) ou estrangeiro (contingente de pessoas estrangeiras que praticam turismo em um determinado país, que não o seu), entre uma série e outras classificações.[132]

O fenômeno turístico envolve enfoques variados[133] e engloba a prática de viagens e estadias temporárias, a qualquer título, reunindo todo o complexo de atividades que são disponibilizadas aos turistas durante esse período, as quais se tornam, na maior parte dos casos, relações de consumo.[134]

O Brasil é um importante destino turístico em razão de sua culinária, seus festivais culturais, suas belezas naturais e uma série de outros aspectos que incentivam a visitação de turistas nacionais e estrangeiros. Tamanha é a importância do turismo no país que a Constituição Federal, em seu artigo 180, determinou que a União, os Estados, o Distrito Federal e os Municípios deverão promover e incentivar o turismo como fator de desenvolvimento social e econômico.[135]

130 TRIGO, Luiz Gonzaga Godoi. *A sociedade pós-industrial e o profissional em turismo.* 6ª ed. Campinas: Papirus, 2002, p. 143.

131 TRIGO, Luiz Gonzaga Godoi. *A sociedade pós-industrial e o profissional em turismo.* 6ª ed. Campinas: Papirus, 2002, p. 17.

132 BARRETO, Margarita. *Manual de iniciação ao estudo do turismo.* 8ª ed. Campinas: Papirus, 2000, p. 17-18.

133 Pode ser encarado sob a perspectiva da Sociologia ou do Direito, por exemplo.

134 MAMEDE, Gladston. *Direito do consumidor no turismo: Código de Defesa do Consumidor aplicado aos contratos, serviços e ao marketing do turismo.* São Paulo: Atlas, 2004, p. 25.

135 MAMEDE, Gladston. *Direito do turismo: legislação específica aplicada.* 3ª ed. São Paulo: Atlas, 2004, p. 22.

Por se tratar de um setor tão importante, inclusive com previsão constitucional, há que se garantir a existência de normas adequadas para o melhor desenvolvimento da atividade turística, em especial, com relação à proteção dos consumidores, pois, desse modo, se estará protegendo seus principais agentes, os turistas.

2.1. Noções sobre o Mercado do Turismo

Superados os períodos de descobertas (ao menos em larga escala e de exploração, descoberta de novos territórios[136]),[137] a curiosidade passa a levar os homens a conhecer as culturas dos outros povos, as belezas naturais de locais diversos dos donde vêm. Possibilitou-se à indústria do turismo, enquadrada no setor terciário[138] de produção,[139] tornar-se uma das mais importantes do mundo, e continuar se desenvolvendo e fortalecendo cada vez mais (é responsável por grande parte da arrecadação econômica de diversas cidades e países).

Os motivos, ou propósitos, das viagens apresentam as seguintes hipóteses: lazer (recreação ou férias), visita a parentes e amigos, negócios e motivos profissionais, tratamento de saúde, religião (peregrinação). Conforme for o motivo, a viagem pode ser qualificada, ou não, como viagem de turismo, haja vista que, para tanto, ela não pode decorrer de atividade remunerada.[140]

Entre os anos de 1810 e 1811, o turismo foi definido pelo dicionário inglês *The Shorter Oxford English Dictionary* como "a teoria e a prática de viajar, por prazer".[141] Ao longo dos anos, vários doutrinadores buscaram atribuir uma definição mais concreta ao termo, com a pretensão de facilitar seu estudo e análise.

[136] Os satélites em órbita possuem condições de transmitir imagens de qualquer parte da superfície do planeta.

[137] TRIGO, Luiz Gonzaga Godoi. *A sociedade pós-industrial e o profissional em turismo.* 6ª ed. Campinas: Papirus, 2002, p. 144.

[138] O setor terciário da produção abrange o conjunto de atividades econômicas relacionadas à prestação de serviços. Ele é composto por empresas que praticam atividades bancárias, comerciais, de entretenimento, lazer, transportes, entre outras.

[139] DIAS, Reinaldo. *Introdução ao turismo.* São Paulo: Atlas, 2005, p. 86.

[140] DIAS, Reinaldo. *Introdução ao turismo.* São Paulo: Atlas, 2005, p. 11-34.

[141] DIAS, Reinaldo. *Introdução ao turismo.* São Paulo: Atlas, 2005, p. 13.

Um dos primeiros foi o economista austríaco Hermann von Schullern Schattenhofen, ao afirmar que "turismo é o conceito que compreende todos os processos, especialmente os econômicos, que se manifestam na chegada, na permanência e na saída do turista de um determinado município, país ou estado".[142]

Outros[143] se seguiram[144] até que a Comissão de Estatística das Nações Unidas aprovou informe preparado pela Organização Mundial do Turismo (OMT), publicado no ano de 1994, que trouxe o conceito formal ao turismo, tanto o nacional quanto o internacional, e consolidou sua definição.

Determinou-se que se trata da soma das atividades que as pessoas realizam durante suas viagens e estadias em lugares distintos de seu entorno habitual, por um período consecutivo, inferior a um ano, com as finalidades de lazer, negócios ou demais motivos que não estejam relacionados com a prática de atividade remunerada no local visitado, ou seja, viagem realizada por livre escolha[145] do indivíduo, sem obrigatoriedade.

Independentemente da definição adotada, os elementos em comum que caracterizam o turismo são o deslocamento físico de pessoas, a desnecessidade de alojamento no destino e a estadia não permanente.

O turismo compreende tanto a viagem como as atividades a ela relacionadas, bem como todos os produtos e serviços criados para satisfazer às necessidades dos turistas. Divide-se em duas vertentes: como sistema econômico, composto por empresas privadas e públicas (direcionadas para o atendimento das necessidades dos turistas) que oferecem uma

[142] Barreto, Margarita. *Manual de iniciação ao estudo do turismo.* 8ª ed. Campinas: Papirus, 2000, p. 9.

[143] Exemplos de Robert Glücksmann ("Um vencimento do espaço por pessoas que vão para um local no qual não têm residência fixa"), Schwink ("movimento de pessoas que abandonam temporariamente o lugar de residência permanente por qualquer motivo relacionado com o espírito, corpo ou a profissão"), Borman ("conjunto de viagens cujo objeto é o prazer ou por motivos comerciais e profissionais ou outros análogos e durante os quais a ausência da residência habitual é temporária. Não são incluídas em turismo as viagens realizadas para ir ao local de trabalho"), entre outros.

[144] Barreto, Margarita. *Manual de iniciação ao estudo do turismo.* 8ª ed. Campinas: Papirus, 2000, p. 9-10.

[145] Barreto, Margarita. *Manual de iniciação ao estudo do turismo.* 8ª ed. Campinas: Papirus, 2000, p. 13.

variedade de serviços turísticos e produtos voltados ao prazer e entretenimento, os quais compõem a denominada indústria turística; e como prática social e cultural, orientada ao atendimento das necessidades psicossociológicas dos turistas, com interações sociais entre os agentes envolvidos,[146] com o condão, inclusive, de provocar alterações sociais e culturais.

O informe da OMT também trouxe definições claras sobre os conceitos de visitante, turista e excursionista. Em relação aos visitantes, a OMT trouxe uma definição muito próxima à dada ao turismo, a qual esclarece que estes se referem a qualquer pessoa que viaje a um lugar que não seja o seu habitual, para outro país (internacional) ou dentro do país onde reside (interno), por um período inferior a 12 meses, com finalidade diversa do exercício de uma atividade remunerada.

Dentro do conceito de visitantes, há duas classificações, os turistas e os excursionistas. Os turistas são os viajantes que permanecem em alojamento coletivo ou privado no lugar que visitam, por mais de 24 horas no local, enquanto os excursionistas são os visitantes por um dia, aqueles que não pernoitam em um alojamento coletivo ou privado no lugar que visitam (passageiros de cruzeiro que desembarcam em um país, mas que passam as noites no barco, viajando) e permanecem menos de 24 horas no local.

Existem formas (ou tipos) de turismo. A princípio, tem-se três tipos básicos, o turismo interno (ou doméstico), realizado pelos visitantes que viajam dentro de seu próprio país de residência, o turismo receptivo, realizado pelos visitantes que não são residentes no país, na região ou na localidade, e o turismo emissor (ou emissivo), realizado pelos residentes para fora de seu país, região ou localidade.

A partir de sua mistura, surgem outros três, o turismo interior, combinação entre o turismo doméstico com o receptivo (realizado tanto por residentes quanto pelos não residentes, em um determinado país[147]), o turismo nacional, combinação entre o turismo doméstico e o turismo emissor (movimento de visitantes residentes, tanto dentro quanto fora

[146] Turistas, residentes, funcionários das empresas, agentes públicos.

[147] Soma do movimento de visitantes estrangeiros com o de turistas nacionais, de outras regiões.

do país[148]), e o turismo internacional, combinação do turismo receptivo com o turismo emissor (movimento de visitantes entre os mais diversos países).[149]

A evolução contínua dos meios de transporte e sua utilização para explorar atividade comercial (prestação de serviços por fornecedores em diversos ramos comerciais[150]), em especial no mercado do turismo em geral, deparou-se com um fenômeno que seguiu em sentido contrário ao de outros serviços dependentes relacionados à tecnologia[151] e os valores cobrados dos consumidores reduziram consideravelmente ao longo dos anos.

Um exemplo disso são as passagens aéreas, outrora consideradas como algo que, de modo simbólico, atribuía *status* de riqueza e poder ao seu possuidor, pois as viagens aéreas eram socialmente seletivas, à disposição de uma elite, de um grupo limitado de pessoas.[152] O valor para adquirir um bilhete de embarque era altíssimo, apenas pequena parcela da população tinha o privilégio de realizar seu trajeto pela via aérea.

Hoje a realidade é diferente, devido ao aumento do poder aquisitivo das classes anteriormente consideradas como menos favorecidas em alguns países (o Brasil está inserido nesse grupo),[153] das crises econômicas mundiais, ou mesmo da forte concorrência no ramo,[154] inclusive com a criação de novas estratégias, tais como os programas de fidelização,[155]

[148] É a combinação das viagens realizadas pelos residentes de um mesmo país, dentro e fora dele.

[149] DIAS, Reinaldo. *Introdução ao turismo*. São Paulo: Atlas, 2005, p. 18-23.

[150] Transporte de pessoas e cargas, agências de viagem e turismo, entre outros.

[151] Serviços de televisão por assinatura, de telefonia, assistência técnica a aparelhos eletrônicos, entre outros.

[152] URRY, John. *O olhar do turista: lazer e viagens nas sociedades contemporâneas*. 3ª ed. São Paulo: Studio Nobel, 2001, p. 33.

[153] Ministério do Turismo. *Brasileiro viaja cada vez mais dentro do país de avião*. Brasília, 16 abr. 2013. Disponível em: <http://www.turismo.gov.br/ultimas-noticias/4181-brasileiro-viaja-cada-vez-mais-dentro-do-pais-de-aviao.html>. Acesso em: 06 out. 2016.

[154] TOMELIN, Carlos Alberto. *Mercado de agências de viagens e turismo: como competir diante das novas tecnologias*. São Paulo: Aleph, 2001, p. 57-58.

[155] Smiles (programa de milhagem da Gol Linhas Aéreas), Fidelidade (programa de milhagem da LATAM Airlines), Amigo (programa de milhagem da Avianca) etc.

o corte de gastos com o supérfluo,[156] o que possibilita o reajuste dos preços, tornando-os muito mais acessíveis do que outrora, tanto no âmbito interno (nacional) quanto externo (internacional).

Em pesquisa realizada em agosto de 2016, divulgada pelo Ministério do Turismo, o avião foi apontado como o meio de transporte mais utilizado pelos brasileiros. Mais de 63% dos entrevistados responderam que utilizariam o transporte aéreo para suas viagens até o final do ano,[157] enquanto os que optaram pelo uso de carros ou transportes coletivos correspondiam aos percentuais de 27,3%[158] e 8%,[159] respectivamente, uma diferença muito relevante.[160]

O turismo é um fenômeno sociocultural praticado por um agente (o turista) que, ao realizá-lo, eleva seu grau de sociabilidade a uma intensidade que não lhe seria comum no dia a dia. Em viagem, o turista sente-se livre das regras de conduta e dos costumes impostos em seu ambiente de residência e, por isso, adota padrões de comportamento idealizados, posturas desinibidas. O estado anímico fica alterado, o que impulsiona a busca por novas experiências e proporciona uma condição psicológica favorável a novos contatos sociais.

A distância social entre diferentes etnias, raças e culturas diminui. Passa-se a ver e fazer parte de uma série de realidades que antes eram desconhecidas ou observadas a distância, um intercâmbio que leva à multiculturalidade. Não se trata de uma simples fuga ou distração temporária da rotina, mas sim, fundamentalmente, uma atividade de integração entre as pessoas.[161]

Percebe-se que o turismo assume um caráter muito mais significativo do que se imagina. O olhar do turista se modifica e desenvolve como um

[156] As refeições realizadas a bordo eram verdadeiros banquetes, inclusive com opção de escolha do prato a ser servido, por vezes, em setores mais caros (primeira classe ou executiva), até mesmo com a presença de iguarias (caviar, por exemplo), talheres de metal, enfim, vários gastos extras, além do serviço puro de transporte de pessoas.

[157] Percentual 11% superior ao registrado no mesmo período no ano de 2015.

[158] Percentual 23,6% superior ao registrado em 2015.

[159] Percentual inferior ao registrado no ano de 2015, o qual foi no valor de 10,2%.

[160] Portal Brasil. *Preferência do brasileiro por viagens de avião cresce 11%.* Brasília, 9 ago. 2016. Disponível em: <http://www.brasil.gov.br/turismo/2016/08/preferencia-do-brasileiro-por--viagens-de-aviao-cresce-11>. Acesso em: 06 out. 2016.

[161] DIAS, Reinaldo. *Introdução ao turismo.* São Paulo: Atlas, 2005, p. 117-119.

reflexo de variações na sociedade, grupos sociais e do momento histórico. Políticas nacionais, setoriais e regionais de turismo[162] são estabelecidas pelos órgãos públicos para cuidar da efetividade e qualidade desse mercado, que proporciona desenvolvimento e retorno econômico ao local visitado.[163]

É um afastamento, de uma ruptura da rotina e das práticas cotidianas dessas pessoas, o que gera a possibilidade de uma abertura de sentidos, de uma nova perspectiva e percepção de vida, com estímulos que contrastam com sua realidade diária, mais que isso, que possuem a capacidade de alterar essa mesma realidade.

Contribui para a adoção de novos valores, reflexões e pensamentos, e, em maior escala, alterar conceitos a níveis sociais (universalização), tal como a definição do que é uma "sociedade normal", qual o tipo de cultura e os costumes que nela estão inseridos, com que velocidade sofre mutações.[164]

Por se tratar de interação entre pessoas, nem sempre esta ocorrerá de forma saudável, ética e agradável ou prazerosa. Existem cinco padrões identificáveis em relação ao comportamento de residentes diante da visita de turistas, logo, de impactos sociais. São eles a resistência, a atitude reservada, a manutenção de limites, a revitalização e a adoção.

A resistência é uma resposta agressiva e contrária à presença dos turistas ou do turismo em si, por parte dos residentes, com manifestações hostis de forma aberta ou indireta. São casos em que os residentes evitam atender às solicitações dos turistas, ou criam dificuldades para tanto, comercializam produtos de qualidade duvidosa, tentam induzi-los em erro, com práticas abusivas (preços exorbitantes), e até mesmo com manifestações de forma verbal e direta acerca de seus ressentimentos.

As manifestações de atitudes reservadas dos residentes ensejam o seu afastamento da comunidade turística, evitando-se contato de modo geral, rechaçando interações. Tal comportamento se mostra presente

[162] Conjunto de intenções, estratégias e diretrizes estabelecidas ou deliberadas, no âmbito do poder público, com objetivo de alcançar ou dar continuidade ao desenvolvimento da atividade turística em um território.

[163] CRUZ, Rita de Cássia. *Política de turismo e território.* 2ª ed. São Paulo: Contexto, 2001, p. 40-52.

[164] URRY, John. *O olhar do turista: lazer e viagens nas sociedades contemporâneas.* 3ª ed. São Paulo: Studio Nobel, 2001, p. 15-19.

quando o local possui dependência econômica do turismo, porém os residentes não aceitam, não concordam com a comercialização excessiva dos atrativos de que dispõem.[165]

A comunidade aceita o turismo por critérios estritamente econômicos, mantendo distância e sentimentos negativos na esfera social (passividade). Os turistas, por sua vez, não conseguem perceber esse tipo de rejeição, ficam alheios a tudo isso e desfrutam de uma realidade social paralela.

A manutenção de limites indica que a comunidade visitada aprecia os negócios decorrentes do turismo, até mesmo os turistas, porém, em função de atividades e normas sociais, deve manter distância entre ela e os turistas. É o caso de alguns grupos indígenas que mantêm suas comunidades a certa distância dos turistas, muito embora comercializem objetos representativos da sua cultura.[166]

A revitalização é uma reação positiva ao turismo, pois considera-se que tal atividade revive os hábitos e costumes locais, pois muitos dos residentes sobrevivem a partir do interesse e da popularidade com as pessoas de fora. Envolve a realização de eventos culturais locais, festas, rituais, cerimônias religiosas, entre outros, que se tornam atrações turísticas, trazendo as pessoas para a comunidade. O movimento turístico passa a contribuir para a preservação e restauração do local visitado.

A adoção reflete um relacionamento extremamente positivo entre visitantes e visitados. Os residentes recebem os turistas com extrema alegria e receptividade, com a adoção de suas orientações e seu estilo de vida; a comunidade incorpora o turismo como parte de sua vida econômica e social, o que é uma resposta positiva e ativa em relação ao turismo.[167]

As reações dos residentes podem receber gradações maiores ou menores a depender de outros aspectos. Por mais que para o turista a sua permanência no local seja relativamente curta (natureza transitória), para os locais ela é constante e, com isso, é muito mais provável que os turistas criem laços entre si do que com os locais, situação agravada

[165] DIAS, Reinaldo. *Introdução ao turismo*. São Paulo: Atlas, 2005, p. 120-125.

[166] DIAS, Reinaldo. *Introdução ao turismo*. São Paulo: Atlas, 2005, p. 120-125.

[167] DIAS, Reinaldo. *Introdução ao turismo*. São Paulo: Atlas, 2005, p. 120-125.

pelas limitações de tempo disponível (muitas atividades para realizar em pouco tempo), restando pouco para interações.

Há ainda que se constatar a falta de espontaneidade entre as pessoas envolvidas. Na maioria das vezes as interações sociais se dão por razões comerciais, o que exige um comportamento diferenciado, não usual, por parte dos locais que pretendem vender seus produtos ou serviços, agravada pela, não rara, existência de desigualdades entre turistas e residentes, materiais e culturais, pois a comunidade local, por vezes, apresenta-se em uma condição de inferioridade, o que lhes faz criar um juízo de "legitimidade" para explorar a aparente abundância de recursos dos turistas.[168]

Todas essas peculiaridades vão formar os mais variados aspectos das interações interpessoais que envolvem o turismo. Os grupos de turistas e de residentes não são formados exclusivamente por pessoas de características iguais, não há homogeneidade entre eles.

Todas as experiências, transformações sociais e culturais, a descoberta do novo, compõem o conjunto de motivos que torna a indústria do turismo uma das mais atrativas do mundo. Por isso, envolve uma grande movimentação financeira, tanto no sentido micro quanto macroeconômico.

Os serviços ofertados aos turistas devem satisfazer suas necessidades, uma vez que estes nutrem grandes expectativas em relação àquilo pelo que pagaram. Exigem nada menos que o extraordinário, o que eleva seu senso crítico quanto a serviços praticados com carência de qualidade. Os fornecedores não podem esquecer que os vários serviços integrados que eles realizam compõem o "produto turístico"[169] como um todo, o qual, pela sua própria natureza, não pode ser praticado ou ajustado longe do olhar dos turistas, nos bastidores.[170]

Os "produtos turísticos" são os mais difíceis de produzir.[171] O respaldo dado pelos turistas (a sua visão do local e das respectivas

[168] DIAS, Reinaldo. *Introdução ao turismo*. São Paulo: Atlas, 2005, p. 120-125.

[169] Os garçons dentro de um restaurante, os comissários de bordo nos aviões ou os recepcionistas nos hotéis, por exemplo.

[170] URRY, John. *O olhar do turista: lazer e viagens nas sociedades contemporâneas*. 3ª ed. São Paulo: Studio Nobel, 2001, p. 63-64.

[171] URRY, John. *O olhar do turista: lazer e viagens nas sociedades contemporâneas*. 3ª ed. São Paulo: Studio Nobel, 2001, p. 115.

experiências) terá relevante papel na continuidade da atividade, principalmente em tempos de internet e redes sociais. Quando bem planejado, o turismo é gerador de empregos[172] e riqueza, de mudanças positivas, e é meio de comunicação cultural.[173]

A prática do turismo pressupõe a existência de liberdades públicas essenciais, entre as quais estão incluídos os direitos de ir e vir, as liberdades de associação, comércio e da indústria. Empiricamente, o turismo pode figurar como excluído do campo do intervencionismo estatal, mas isso não quer dizer que ele não seja objeto de preocupação por parte do Estado.

O Estado, com o uso de sua soberania e por meio dos poderes públicos, possui dois papéis fundamentais, a proteção contra conflitos e abusos que se originem no âmbito do turismo e o desenvolvimento da atividade turística.

A depender do grau de ameaça à ordem pública que a atividade turística ofereça,[174] há meios para limitar o acesso a determinadas áreas de seu território, regulando (incentivando ou freando) o desenvolvimento do turismo nessas regiões.[175]

O turismo é importante parte do mercado de consumo, razão pela qual se deve exigir qualidade e ética nos produtos e serviços ofertados. A qualidade se conceitua, do ponto de vista subjetivo, como a relação entre a expectativa (antes da venda) e a realidade, avaliada pela satisfação do consumidor, tanto de suas necessidades específicas quanto implícitas. Um dos critérios para realizar essa análise é o fator custo-benefício (qualidade e preço).

172 Empregos diretos (resultam dos gastos dos visitantes realizados em instalações turísticas, por exemplo, hotéis), indiretos (criados em função dos gastos realizados pelos turistas, contudo, para atender suas necessidades em outros setores, por exemplo, os supermercados), induzidos (criados em função dos gastos dos residentes como consequência da renda obtida com o turismo) ou temporários (criados durante a construção da infraestrutura necessária para acolher os turistas).

173 DIAS, Reinaldo. *Introdução ao turismo*. São Paulo: Atlas, 2005, p. 85-88.

174 Ameaçam a segurança, a tranquilidade e a salubridade pública. Exige-se do Estado a atuação como polícia administrativa geral. Um exemplo de situação em que o turismo ameaça a ordem pública é a instalação de áreas de *camping* que se tornem fontes de poluição e que coloquem em perigo a higiene e o meio ambiente.

175 BADARÓ, Rui Aurélio de Lacerda. *Direito do turismo: história e legislação no Brasil e no exterior*. São Paulo: Senac, 2003, p. 85-87.

O serviço cuja percepção excede a expectativa recebe o atestado de excelência. Qualidade não é sinônimo de luxo, uma vez que se pode encontrar serviços qualificados, e de excelência, em estabelecimentos modestos.[176] Cabe aos administradores e funcionários adotarem uma cultura de qualidade total, que abrange todos os serviços por eles ofertados, com produtos e serviços higiênicos, de excelente qualidade e, sobretudo, com ética nas relações com seus consumidores.[177]

Há que se estabelecer diretrizes e comportamentos adequados para se evitar abusos, danos ou falhas na prestação de um serviço, que podem gerar perdas na atratividade do local visitado. Os turistas se tornam cada vez mais exigentes e suas opiniões possuem extrema relevância nesse tipo de mercado. Com o uso da internet[178] e das redes sociais, relatam todo o ocorrido em suas viagens, os bons e os maus momentos, assim como apontam os fornecedores que agiram com ou sem ética.

A ética e o comportamento apresentados pelas empresas e seus funcionários assumem papel tão relevante quanto a qualidade do serviço prestado ou do produto ofertado no mercado, afinal, um integrará o outro.[179]

Espera-se que haja planejamento e políticas de educação, com o estabelecimento de princípios e orientações, em um plano humano e social, para que haja interação entre o governo, os fornecedores de serviços e produtos turísticos e os usuários, com respeito mútuo, no intuito de proporcionar uma experiência turística legítima, agradável e saudável, com a fomentação da atividade, do comércio local e da economia.[180]

2.2. O Turista e o Consumo

Durante uma viagem turística é inevitável a prática de relações de consumo. Os turistas, ao visitarem locais diversos dos que vivem, levam consigo a abertura para adquirir novas experiências, o que pressu-

[176] Definidos assim em razão de sua aparência, localização ou preços praticados.

[177] Organização Mundial do Turismo (OMT). *Manual de Qualidade, higiene e inocuidade dos alimentos no setor de turismo: guia de consulta para funcionários, planejadores, empresários e operadores de turismo*. São Paulo: Roca, 2003, p. 1-3

[178] *Sites* especializados em turismo ou recomendações turísticas.

[179] ARAUJO, Cíntia Möller. *Ética e qualidade no turismo do Brasil*. São Paulo: Atlas, 2003, p. 73.

[180] DIAS, Reinaldo; DE AGUIAR, Marina Rodrigues. *Fundamentos do turismo*. Campinas: Alínea, 2002, p. 61.

põe aquisição de produtos e serviços, motivos pelos quais os levaram a viajar.[181]

A compra de alimentos em restaurantes e supermercados, os serviços hoteleiros, a aquisição de *souvenirs*, de passeios e excursões são os exemplos mais comuns de consumo turístico. Trata-se de um momento em que as pessoas buscam o lazer, descansar, viver momentos especiais e, se possível, guardar recordações.

Os dados trazidos em tópico anterior acerca do crescimento e da preferência pelo uso de aeronaves como meio de transporte para realizar viagens visam expor um importante elemento dessa tendência, o caráter têmporo-espacial do consumo, a importância de tempo útil durante as viagens.

O fato de os turistas buscarem diminuir cada vez mais seu tempo de viagem (período gasto com o traslado entre o local de partida e o de destino) proporciona um período maior de estadia nos locais visitados e, por consequência, maior tempo de disponibilidade, portanto, mais espaço no roteiro de viagem para realizar consumo, conforme já se constatou na sociedade pós-moderna.[182]

O consumo fomenta a indústria do turismo e, por meio dele, geram-se impactos significativos nas economias locais, das mais diversas formas, que podem ser descritos como impactos com efeito multiplicador, de distribuição de renda, de modificação de estruturas de consumo, de influência sobre os preços, de especulação sobre o uso do solo, de efeitos sobre as importações e exportações, sobre investimentos e sobre o trabalho.

Os efeitos multiplicadores surgem como consequência do papel dinamizador do turismo na economia, com sua influência relacionada ao crescimento de vários setores que não estão diretamente ligados a ele.

Os gastos realizados pelos turistas resultam em um conjunto de capitais que podem vir a ser empregados e investidos em outros setores da economia, o que proporciona um efeito econômico muito maior do que o imaginado a princípio, com multiplicação da renda, de empregos, de transações e do capital, com o crescimento do volume de negócios.

181 DIAS, Reinaldo. *Introdução ao turismo*. São Paulo: Atlas, 2005, p. 49

182 PORTUGUEZ, Anderson Pereira. *Consumo e espaço: turismo, lazer e outros temas*. São Paulo: Roca, 2001. p. 7-8.

A renda, principalmente em países de dimensões continentais, não é distribuída de modo uniforme, tanto do ponto de vista espacial quanto social. Algumas regiões possuem a capacidade de atrair mais investimentos e arrecadar mais dinheiro que outras e, portanto, se desenvolvem mais, e se cria uma disparidade.

Quando moradores das zonas mais desenvolvidas viajam para as regiões mais carentes, levam consigo seu capital, o qual será investido nos locais de destino, uma redistribuição de renda, o que favorece o crescimento econômico e incentiva a criação de infraestrutura, uma redistribuição social.

O desenvolvimento turístico implica um aumento do consumo de modo geral, mesmo que seja mais seletivo que o usual. Há um incremento nas solicitações por produtos e serviços locais, com impactos também nos hábitos de consumo, em razão da penetração dos hábitos de consumo dos turistas na população residente, e também o contrário, a alteração dos hábitos dos turistas por influência dos residentes, levando-os e difundindo-os em sua própria região.

Os preços dos bens de consumo dos mercados corrente (alimentos, materiais em geral, bebidas) e imobiliário podem sofrer elevação resultante do aumento da demanda em relação à oferta turística. O caráter sazonal e a concentração espacial durante a alta temporada acentuam esse fenômeno, e quando termina esse período, experimenta-se situação inversa, com a redução dos valores.

Este fenômeno é observado mesmo diante de especulações sobre terrenos (recurso limitado, bem escasso), por exemplo, com compras e vendas de solo turístico, na expectativa de valorização (a curto ou médio prazo) após o estabelecimento de infraestruturas e edificações, alimentadas por pressões da demanda turística ou de análises concretas do mercado. Atrai-se a atenção para investimentos (capital fixo), com construções de alojamentos, ofertas de serviços complementares (recreação, alimentação), obras públicas, meios de transporte, promoção e publicidade.

Com o turismo, o mercado de importações, não apenas de bens (inclusos os de consumo corrente), mas também de tecnologia e conhecimento (*know-how*), se intensifica. De igual forma, o consumo dos visitantes equipara-se a exportações dos serviços dos locais (região receptora). Geram-se empregos, com postos de trabalho formais e informais, muitos deles ofertados por microempresas que se multiplicam e ganham uma oportunidade de crescimento na região.[183]

Há que se levar em consideração, diante de todos os elementos que envolvem as relações e os impactos sociais, culturais e econômicos entre residentes e turistas, a influência do turismo no momento da realização de práticas comerciais (consumo turístico). Quanto mais tempo as pessoas permanecem em determinado local, maior a quantidade de produtos e serviços consumidos.[184]

O consumo turístico é identificado geograficamente e é definido como o gasto total de consumo efetuado por um visitante, ou por motivo de um visitante, para e durante sua viagem e estadia no local visitado. Incluem-se todos os gastos realizados durante, antes (bens e serviços necessários para a preparação da viagem[185]) e depois da viagem (bens e serviços diretamente relacionados à viagem[186]), sem considerar a natureza do bem (incluídos os bens de consumo duráveis) ou serviço.

Divide-se em dois grandes grupos, o consumo turístico primário e o secundário. O primário engloba a aquisição de bens ou serviços diretamente relacionados ao turismo propriamente dito, enquanto o secundário resulta de gastos gerais, sem envolvimento direto com a atividade turística, que seriam realizados mesmo se os turistas estivessem em seu local de residência (por exemplo, a compra de medicamentos, produtos de higiene, serviços bancários).[187]

Os turistas, em razão da motivação da sua viagem, podem ser classificados como alocêntricos (viajam por motivos educativos e culturais, políticos ou de divertimentos caros, cassinos, por exemplo, e gostam de viajar no anonimato), quase alocêntricos (motivados por eventos desportivos, religiosos, profissionais e culturais), mediocêntricos (busca pelo descanso, quebra da rotina, aventura e gastronomia), quase psicocêntricos (buscam *status* social com a viagem) ou psicocêntricos (motivado por fatores externos, um patrocínio ou uma publicidade de uma

[183] DIAS, Reinaldo. *Introdução ao turismo*. São Paulo: Atlas, 2005, p. 49-51.

[184] PORTUGUEZ, Anderson Pereira. *Consumo e espaço: turismo, lazer e outros temas*. São Paulo: Roca, 2001. p. 7-8.

[185] Contratação de agências de viagem, vacinação, reservas em hotéis, por exemplo.

[186] Revelação de fotografias, reparos em equipamentos, entre outros.

[187] DIAS, Reinaldo. *Introdução ao turismo*. São Paulo: Atlas, 2005, p. 49-51.

destinação turística), e o nível dessas experiências varia conforme a classe social da qual fazem parte.[188]

A condição econômica dos turistas é um fator que vai influenciar na escolha do tipo de turismo e do modo como ele será aproveitado, se com maior ou menor gasto econômico. As classes mais privilegiadas tendem a realizar um turismo externo, mais exclusivo (minoria), de forma particular (evitam excursões e grandes grupos de viagens), pela via aérea, com autofinanciamento, e assumem a condição de maiores consumidores do turismo de interesse específico.

A classe média faz turismo externo e interno, com preferência pelo turismo de massa (nas férias), e busca também aproveitar viagens profissionais, como congressos e outros eventos, para incluir atividade turística, a qual pode se enquadrar como autofinanciada, social ou gratuita.

As classes mais baixas, por sua vez, só podem fazer turismo de massa, viajam de forma coletiva e praticam excursionismos e turismos de fim de semana (necessitam de subvenções e recorrem ao turismo gratuito) e são consideradas as maiores consumidoras de turismo religioso.

Em relação às classes médias e mais baixas, por anos a tendência fora a restrição a viagens ou a escolha por meios de transportes coletivos de menor custo. Contudo, conforme as estatísticas divulgadas e a forma com que o mercado aeroviário tem se apresentado, com considerável redução dos preços, as viagens aéreas têm se mostrado mais acessíveis, razão pela qual essa realidade tem se modificado com a predileção pela aquisição de passagens aéreas.[189]

A partir desses dados, é possível distinguir as espécies de demandas, o que torna possível entender o fluxo turístico de determinada região, como acolhê-los e suprir suas necessidades.

São classificadas como demandas reais (quando os turistas efetivamente realizam a viagem), potenciais (prováveis turistas que, pelos mais variados motivos, cancelam ou desistem da viagem), históricas (registro das demandas reais ocorridas no passado), futuras (projeção traçada com base na demanda histórica e dados atualizados no intuito de

[188] BARRETO, Margarita. *Manual de iniciação ao estudo do turismo.* 8ª ed. Campinas: Papirus, 2000, p. 29.

[189] BADARÓ, Rui Aurélio de Lacerda. *Direito do turismo: história e legislação no Brasil e no exterior.* São Paulo: Senac, 2003, p. 30-31.

realizar previsão ou especulação, sobre o crescimento, estagnação ou diminuição do mercado turístico local) e as potenciais vinculadas às demandas reais (analisam os gastos adicionais que a demanda real pode realizar durante sua estada, os gastos além dos previstos com produtos e serviços).[190]

As análises e classificações objetivam compreender melhor o mercado turístico. Possibilitam que os receptores estejam preparados para atender às demandas e necessidades dos diferentes tipos de turistas, de acordo com suas motivações para a viagem. A satisfação desse mercado faz impulsionar a indústria do turismo, a qual tem como principal ferramenta o consumo.

Portanto, para se garantir o uso dessa ferramenta, é necessário disponibilizar direitos e proteções que a incentivem e que encorajem os turistas a consumir sem riscos à sua integridade física, financeira e à sua saúde, assegurando-lhes o direito à reparação de danos materiais e morais.

2.3. Normas de Direito do Consumidor Aplicadas ao Turismo

O consumo turístico é essencial para muitas regiões e nações. Os turistas, por vezes, enfrentam maiores dificuldades em uma relação de consumo do que aquelas encontradas em seu local de domicílio. Qualquer dano que os turistas venham a sofrer, ou atitudes e comportamentos abusivos que venham a testemunhar, por parte do mercado, pode acarretar efeitos reflexos severos em todo esse conjunto econômico. Há a obrigação de proteger esses sujeitos, pois, por serem consumidores, são presumidamente vulneráveis em relação ao mercado.

O dinheiro gasto com o turismo é composto pela quantia que restou após o pagamento das necessidades vitais e de despesas obrigatórias (orçamento completado), portanto, limitada,[191] o que exige um maior controle no momento de seus gastos (equilíbrio entre quantidade e qualidade), acrescido ao curto período disponível (tempo livre de lazer).[192]

[190] DIAS, Reinaldo. *Introdução ao turismo*. São Paulo: Atlas, 2005, p. 53.

[191] BARRETO, Margarita. *Manual de iniciação ao estudo do turismo*. 8ª ed. Campinas: Papirus, 2000, p. 61-63.

[192] ARAUJO, Cíntia Möller. *Ética e qualidade no turismo do Brasil*. São Paulo: Atlas, 2003, p. 161-177.

Há exigências de caráter geral às quais todas as atividades turísticas devem se submeter. O respeito ao princípio da transparência é uma delas. Os fornecedores devem ter o devido cuidado para que suas ofertas de serviços sejam veiculadas de forma clara, entenda-se, vedado o uso de termos, expressões e códigos que não sejam de uso comum, de domínio público. O turista tem o direito a receber informações relevantes e ostensivas sobre o que está adquirindo.

No Brasil, a comunicação deve se dirigir ao consumidor brasileiro em língua portuguesa, com informações sobre o preço, moeda a que se refere, condição de pagamento (com respectiva taxa de juros e valor final, se financiado), categoria do serviço, sua duração e composição, existência e valor de multa em caso de cancelamento, orçamento prévio e tudo o mais que for indispensável à clara definição do produto ou serviço.[193]

Há leis especiais (específicas) e gerais que regulam as mais variadas atividades turísticas, nenhuma delas com o poder de afastar a incidência do Código de Defesa do Consumidor, mesmo que posteriores a ele.

O Código de Defesa do Consumidor, por sua vez, continua a incidir em todos os pontos em que a lei especial for silente, haja vista que sua função não é realizar uma regulamentação específica, mas sim estabelecer condutas gerais e princípios, além de possuir superioridade hierárquica quando seus preceitos forem incompatíveis.[194]

O mercado turístico oferta uma série de serviços e experiências únicas e enriquecedoras aos seus clientes. Se mal prestados, podem expô-los a uma variedade de práticas abusivas, como o aumento indiscriminado dos preços (efeito das altas temporadas ou mera prática discriminatória, ou aproveitadora, em razão da negociação com pessoas de outras regiões[195]), o descumprimento de contratos (pacotes turísticos), a publicidade enganosa, vícios de qualidade (serviço inadequado, mal executado ou impróprio), extravio de bagagem, entre outras condutas, as quais podem gerar danos materiais e morais.

193 NIETO, Marcos Pinto. *Manual de direito aplicado ao turismo*. 2ª ed. Campinas: Papirus, 2001, p. 128-129.

194 ATHENIENSE, Luciana Rodrigues. *A responsabilidade jurídica das agências de viagem*. Belo Horizonte: Del Rey, 2004, p. 5-6.

195 Não sabem o preço de mercado do produto ou serviço da região para onde viajam.

Muito embora a ocorrência desse extenso rol de condutas ilícitas seja comum em muitas empresas prestadoras de serviços turísticos, ainda é muito reduzido o número de queixas formais apresentadas pelos consumidores, pelos mais variados motivos,[196] o que dificulta o conhecimento e a atuação por parte das autoridades competentes.

Uma das grandes dificuldades encontradas pelos turistas é tempo disponível para realizar a referida queixa ou reclamação perante as entidades protetoras dos consumidores. O seu tempo livre para realizar atividades de lazer é escasso e, por vezes, é preferível aproveitá-lo ao máximo e não abrir mão de parte dele para realizar uma denúncia ou outra atividade incômoda ou burocrática, o que, de certo modo, justifica a passividade desses consumidores.[197]

2.3.1. Agências de Turismo

A falta de tempo leva muitos turistas a solicitarem serviços de agências de turismo (ou de viagens). Estas ficam responsáveis pelo planejamento e ação de uma variedade de serviços, antes e durante a viagem. Encarregam-se da contratação de serviços, como transportes aéreos, traslados terrestres, fluviais e marítimos, hospedagem, e, em alguns casos, das atividades e excursões turísticas a serem realizadas. São os denominados pacotes (ou contratos) turísticos.[198]

O Decreto nº 84.934, de 1980, determina que agência de turismo é a sociedade que tenha por objetivo social, de modo exclusivo, as atividades de turismo, as quais englobam a prestação (no todo ou em parte) dos serviços de venda comissionada ou intermediação remunerada de passagens individuais ou coletivas, passeios, viagens e excursões, intermediação remunerada na reserva de acomodações, recepção, transferência e assistência especializada ao turista ou viajante, operação de viagens e excursões, compreendendo a organização, contratação e execução de programas, roteiros e itinerários, representação de empresas transpor-

[196] Dificuldades, burocracia, obstáculos enfrentados no ato de comunicação dos danos ou da má prestação de um serviço e a descrença de que os problemas serão resolvidos ou indenizados.

[197] ARAUJO, Cíntia Möller. *Ética e qualidade no turismo do Brasil*. São Paulo: Atlas, 2003, p. 161-177.

[198] ATHENIENSE, Luciana Rodrigues. *A responsabilidade jurídica das agências de viagem*. Belo Horizonte: Del Rey, 2004, p. 39.

tadoras, de hospedagem e demais prestadoras de serviços turísticos, e de divulgação, pelos meios adequados (publicidades), dos serviços indicados.

Somam-se, ainda, as atividades previstas em seu artigo 3º, quais sejam, obtenção e legalização de documentos para viajantes, reserva e venda, mediante comissão, de ingressos para espetáculos públicos, artísticos, esportivos e culturais, transporte turístico de superfície, desembaraço de bagagens, agenciamento de carga, prestação de serviços para congressos, convenções, feiras e eventos similares, operação de câmbio (conforme diretrizes do Banco Central do Brasil), e todos os demais serviços autorizados pelo Instituto Brasileiro de Turismo (Embratur).[199]

As agências de turismo se dividem em dois grupos, as agências de viagens e turismo (ou operadoras turísticas) e as agências de viagens tão somente. As operadoras turísticas (conhecidas internacionalmente como *tour operators*) possuem a competência privativa, de acordo com a legislação específica, para organizar viagens e excursões, individuais ou coletivas, o que compreende a contratação e execução de programas, roteiros e itinerários referentes a viagens para o exterior. Assumem, ao elaborar seus pacotes turísticos e efetivar o contrato com os prestadores diretos dos serviços, o risco de preencher ou não as vagas solicitadas.[200] Além de intermediárias, atuam como produtoras de serviços turísticos, o que requer grande conhecimento de mercado, em especial sobre a oferta e a demanda necessárias para estabelecer os preços dos pacotes.

As agências de viagens puramente, por sua vez, não assumem os riscos do não preenchimento das vagas ou quartos solicitado, pois elas realizam apenas um serviço de reserva. Sua função é facilitar e resolver todos os problemas com os quais os turistas venham a se deparar, no intuito de possibilitar que desfrutem de suas viagens do modo mais satisfatório possível. Proporcionam para seus clientes todos os elementos indispensáveis para assegurar a realização de uma viagem segura e bem organizada.[201]

[199] MAMEDE, Gladston. *Direito do turismo: legislação específica aplicada.* 3ª ed. São Paulo: Atlas, 2004, p. 73-74.

[200] As operadoras turísticas, e não as empresas contratadas, arcam com os riscos e as consequências de não venderem o número de vagas ou apartamentos solicitados.

[201] FEUZ, Paulo Sérgio. *Direito do consumidor nos contratos de turismo.* Bauru: EDIPRO, 2003, p. 65-66.

Além das exigências de caráter geral, aplicáveis a todos os fornecedores de atividades que envolvam o turismo, as agências de turismo possuem funções específicas. Devem informar os turistas sobre possíveis divergências nas regras jurídicas e de comportamento no local de destino (leis ambientais específicas e costumes, por exemplo), documentação exigida, horário de apresentação para embarque, a companhia aérea, tipo de aeronave e classe da passagem, e tudo mais que for necessário à inteira satisfação do consumidor.[202]

Há ainda uma peculiaridade que a torna, de modo solidário, responsável pelo comportamento de empresas de outros ramos, das quais tenha contratado serviços de transporte, eventos e hospedagem. Trata-se de determinação prevista no artigo 18, *caput*, do Código de Defesa do Consumidor.[203]

Deverá, por consequência, assegurar que tais empresas (fornecedores diretos) cumpram com as suas respectivas exigências específicas. Por isso, são verdadeiros litigantes habituais, presentes na maioria das demandas judiciais que envolvam a atividade turística.

Às transportadoras, incumbe o dever de manter seus veículos em perfeitas condições de tráfego, licenciados e com os devidos equipamentos de segurança exigidos por lei, afixando em local visível, de forma clara e ostensiva, informações sobre procedimentos de segurança (uso de cinto de segurança, proibição de crianças no banco da frente, entre outras), guias de instruções e informações sobre a estrutura disponível a bordo (banheiro, por exemplo).[204]

Já as organizadoras de eventos devem definir, de forma ampla, tudo que englobe o evento, sua natureza, os serviços incluídos, equipamentos e instalações a serem utilizadas, a programação, data, horários de início e encerramento, bem como as restrições previstas (idade mínima, por exemplo). Em razão de suas peculiaridades, nem todos os eventos possuem as mesmas características, trata-se de uma das atividades mais importantes e difíceis de se assegurar o cumprimento das exigências.

[202] NIETO, Marcos Pinto. *Manual de direito aplicado ao turismo.* 2ª ed. Campinas: Papirus, 2001, p. 129-132.

[203] MARQUES, Claudia Lima. *Contratos no Código de Defesa do Consumidor: o novo regime das relações contratuais.* 8ª ed. São Paulo: Revista dos Tribunais, 2016, p. 454-457.

[204] NIETO, Marcos Pinto. *Manual de direito aplicado ao turismo.* 2ª ed. Campinas: Papirus, 2001, p. 129-132.

Por sua vez, os serviços de hospedagem devem ser autorizados pela Embratur, mantendo padrões de conforto e serviços estabelecidos pelo Regulamento e Matriz de Classificação dos Meios de Hospedagem e Turismo.

Em relação a estes últimos, o Código de Defesa do Consumidor exige a afixação, também em local visível, de preços e horários de início e término das diárias, se incluso ou não o café da manhã (tanto dentro dos quartos quanto na recepção), preços dos produtos e serviços oferecidos (frigobar, lavagem de roupas, massagem), dentro da unidade de habitação, informações prévias sobre eventual multa por cancelamento, cuidados a serem tomados com a bagagem e uso de equipamentos nas áreas comuns (piscina,[205] sauna, salão de jogos), sobre a existência ou não de cofre, funcionamento e preços do restaurante, valores de gorjetas e regulamento interno do meio de hospedagem (proibição de animas, regras de conduta e barulho).[206]

2.3.2. Contratos de Turismo

Os contratos de turismo são aqueles realizados no intuito de lazer, em que há uma oferta de diversão, em qualquer meio ambiente (natural, artificial e cultural), proposta por um prestador de serviço (rede de fornecedores) a um consumidor, turista que se desloca do local onde habita para consumir esses serviços.

São celebrados de forma direta, entre consumidores e prestadores de serviços específicos, ou de forma indireta, quando os consumidores utilizam agências de turismo como intermediárias na contratação dos serviços necessários à viagem, realizados por terceiros (viagem, hospedagem, shows, excursões, museus, entre outros). Em ambos os casos, exige-se, ao final, qualidade na prestação total dos serviços.

Não são caracterizados pela formalidade, pois podem ser celebrados de modo verbal. Impõe-se, contudo, que todas as informações requeridas por lei sejam prestadas, em respeito ao princípio da informação e da transparência. Quando escritos, assumem a modalidade de contratos por adesão, principalmente se direcionados a grupos e excursões,

[205] Advertências e cuidados com a presença de crianças próximas à piscina.

[206] NIETO, Marcos Pinto. *Manual de direito aplicado ao turismo.* 2ª ed. Campinas: Papirus, 2001, p. 129-132.

e resta ao consumidor concordar ou não com os termos nele preestabelecidos, com cláusulas impostas, sem possibilidade de negociação ou manifestação,[207] ao menos em um primeiro momento.

Os contratos de turismo são regulados pelo Código de Defesa do Consumidor, haja vista a presença de dois sujeitos. De um lado, o fornecedor (ou grupo de fornecedores), explorador da atividade econômica, via de regra, liderado por uma agência ou operadora de turismo. Do outro, o consumidor (ou grupo de consumidores), com intuito de consumir serviços e atividades para seu lazer.

Estão enquadrados como fornecedores turísticos as agências de turismo (operadoras de turismo e agências de viagens), as empresas hoteleiras (prestadoras de serviços de acomodação e de venda de produtos para satisfazer às necessidades de seus hóspedes), *timeshares* (fornecedor em potencial, condomínio de multiproprietários no qual os consumidores adquirem direitos de acomodação por tempo determinado, um contrato de múltiplas características),[208] empresas de transportes (responsáveis pelo deslocamento dos turistas pelas vias férreas, marítimas, fluviais, lacustres, rodoviárias e aéreas).[209]

De acordo com as obrigações ou deveres estabelecidos, os contratos de turismo podem ser definidos como atípicos, bilaterais, onerosos e comutativos. São atípicos, pois a disciplina legal do contrato de turismo não possui uma regulamentação específica; bilaterais porque as partes envolvidas declaram suas vontades,[210] e suas obrigações são recíprocas e interdependentes (cada um é credor e devedor do outro); onerosos pela intenção de ambos obterem vantagens e benefícios, impondo-se encargos de forma recíproca; e comutativos, já que as prestações por parte dos fornecedores e consumidores já são previamente conhecidas e guardam equivalência de valores.

[207] DINIZ, Maria Helena. *Curso de direito civil brasileiro, volume 3: teoria das obrigações contratuais e extracontratuais*. 30ª ed. São Paulo: Saraiva, 2014, p. 107.

[208] Auxiliares do mercado hoteleiro, com maior pragmatismo e flexibilidade, a preços mais módicos.

[209] FEUZ, Paulo Sérgio. *Direito do consumidor nos contratos de turismo*. Bauru: EDIPRO, 2003, p. 63-71.

[210] Apenas a anuência ou não por parte do consumidor em razão do modelo do contrato por adesão.

Os contratos de turismo geram obrigações de fazer, as quais determinam a vinculação do devedor (fornecedor) à prestação de um serviço ou ato positivo em favor do credor (consumidor turista). Podem assumir a condição de obrigação *intuito personae,* a depender do devedor, cabendo somente a ele executar a obrigação, em razão de suas características pessoais ou específicas. Em um primeiro momento, deve-se realizar um ato, ou confecção de alguma coisa, para que depois este seja entregue ao credor (adimplemento).

Com as diferentes formas de contratação e pagamento que se apresentam no mercado moderno, há dificuldades em se estabelecer e determinar o momento exato da celebração do contrato, quando se perfaz o liame jurídico que une e obriga os contratantes e que se confirma o afastamento da possibilidade de retratação.[211]

Costuma-se entender que a adesão ao pacote turístico se dá mediante simples pagamento de uma parcela do valor completo (um sinal), não obstante haver a possibilidade de interpretação no sentido de que o pagamento do sinal é integrante da fase preparatória do contrato, e não sua consumação, pois busca apenas a reserva para o contrato futuro. Ainda é possível que as agências de turismo realizem o cancelamento da viagem por causa de insucessos nas reservas de hotéis, passagens ou transportes.[212]

Deflagra-se uma situação em que há divergência de vontades e direitos entre as partes, e, por consequência, torna o contrato de turismo acabado e perfeito, resguardada a plena responsabilidade contratual e o retorno ao estado em que se encontravam antes do negócio. Essa mesma discricionariedade não pertence aos consumidores, sob pena de multa, uma vez que o pagamento efetuado está vinculado ao pagamento total do pacote.[213]

Os contratos, tanto na forma escrita quanto os firmados de forma verbal, expressos ou tácitos, exigem interpretações sobre as obrigações e os direitos de cada uma das partes, as quais serão realizadas e fundamen-

[211] DINIZ, Maria Helena. *Curso de direito civil brasileiro, volume 3: teoria das obrigações contratuais e extracontratuais.* 30ª ed. São Paulo: Saraiva, 2014, p. 80-81.

[212] Inadimplemento por parte do devedor devido a fato alheio à sua vontade, por exemplo.

[213] ATHENIENSE, Luciana Rodrigues. *A responsabilidade jurídica das agências de viagem.* Belo Horizonte: Del Rey, 2004, p. 39-41.

tadas com o auxílio de confissões, provas documentais e testemunhais, perícias, presunções absolutas e relativas,[214] de acordo com o que determina o artigo 212 do Código Civil.

Ademais, em uma relação de consumo, segundo se depreende do artigo 47 do Código de Defesa do Consumidor, e em respeito aos inúmeros princípios, regras e direitos que objetivam equilibrar a condição dos consumidores perante os fornecedores, a interpretação deve ser mais favorável aos vulneráveis, incumbindo aos fornecedores provar de forma cabal a regularidade dos serviços prestados.

Há que se reconhecer também uma série de outros direitos que vão proteger os consumidores dos abusos e excessos que porventura estejam previstos no contrato.

O direito de desistir é outro instituto que vai assegurar a proteção dos consumidores, dando-lhes a possibilidade de fazer melhor juízo sobre o produto ou serviço adquirido (de necessidade e oportunidade de contratação), distante das influências e estratégias presentes nas publicidades, nas técnicas dos vendedores e no *marketing* das empresas. Oportuniza seu arrependimento, mesmo que imotivado, e assim assegura sua liberdade de escolha e o protege contra endividamentos por impulsos instigados pelo mercado.

O prazo para a desistência (direito de arrependimento), segundo o artigo 49 do CDC, é de sete dias contados da assinatura ou do ato de recebimento do produto ou serviço sempre que a contratação se faça fora do estabelecimento comercial[215] (fornecedor indo ao encontro do consumidor).

As situações que não se enquadram na hipótese do artigo 49 do CDC não excluem a possibilidade de arrependimento. Este deverá, no entanto, ser motivado. O contrato se encerra por desrespeito aos padrões de qualidade e quantidade nele estabelecidos, mesmo que durante a viagem.

Os turistas terão o direito ao ressarcimento dos valores gastos (as agências assumem os riscos de sua falta de infomação sobre os presta-

[214] Qualquer prova de eventuais compromissos assumidos pelos fornecedores os vinculam ao seu cumprimento, mesmo que pela via judicial. São exemplos de provas vinculantes os recibos, panfletos, *folders*, orçamentos, cartões com anotações, *e-mails* e vários outros documentos.

[215] Nos feirões realizados ao ar livre, o *stand* da empresa é considerado seu estabelecimento comercial, portanto, não se aplica o direito de arrependimento.

dores diretos dos serviços), bem como devem ser redirecionados para outros fornecedores que possuam condições de prestar os serviços conforme contratado.

As garantias são proteções mais populares perante os consumidores. Elas visam assegurar que os produtos e serviços atendam às exigências legais de preservação da dignidade, saúde e segurança dos consumidores, resguardando seus interesses econômicos (combate a produtos ou serviços defeituosos de modo a afetar o seu bom funcionamento ou que exponha risco à saude e integridade física do consumidor).

Segundo o artigo 24 do CDC, a garantia é vinculada à venda (escrita ou não no contrato) e não pode ser exonerada sob qualquer hipótese. As garantias oferecidas pelos fornecedores são simples complementos à garantia legal (artigo 50 do Código de Defesa do Consumidor), benefícios extras aos produto/serviço adquirido. Fica a critério dos consumidores aceitá-las (arcar com os valores extras) ou recusá-las (decidir apenas pela garantia legal e gratuita).

O termo de garantia deverá ser entregue no ato de fornecimento, apresentar-se de forma padronizada com leitura clara e informações corretas, com explicações sobre prazo de validade, a forma que a garantia pode ser exercida e os lugares onde o consumidor receberá assitência, do contrário, estar-se-á sujeito à pena de detenção de um a seis meses ou multa (artigo 74 do CDC).[216]

2.3.3. Problemas Usualmente Enfrentados pelos Turistas

Os direitos e proteções servem para auxiliar na solução de problemas e desproporcionalidades cometidas pelo mercado contra os consumidores. Entre as práticas mais comuns estão inclusas as inserções de cláusulas abusivas nos contratos, perda, extravio ou violação de bagagens, atraso no embarque e *overbooking*, acidentes e vícios de consumo.[217]

Os contratos de turismo, na maioria dos casos, assumem a forma de contratos por adesão. Os industriais e comerciantes adotam uma redação padronizada em todos os seus contratos. Valem-se de todos os tipos

[216] Mamede, Gladston. *Direito do consumidor no turismo: Código de Defesa do Consumidor aplicado aos contratos, serviços e ao marketing do turismo.* São Paulo: Atlas, 2004, p. 138-145.

[217] Nieto, Marcos Pinto. *Manual de direito aplicado ao turismo.* 2ª ed. Campinas: Papirus, 2001, p. 133-145.

de cláusulas que possam assegurar o fortalecimento ou a sobrevivência da empresa, em caso de má prestação de um serviço ou defeitos em seus produtos, na tentativa de esquivar-se ou atenuar possíveis indenizações. Utilizam como justificativas a legitimidade do *pacta sunt servanda* e da autonomia de vontade[218] formalizadas no instrumento.[219]

A presença de cláusulas abusivas em contratos de turismo (adesão) é bastante comum. O rol presente nos incisos do artigo 51 do Código de Defesa do Consumidor exemplifica os motivos pelos quais se considera abusiva uma cláusula contratual. Passam despercebidas pela falta de costume e de conhecimento dos turistas sobre seus direitos em geral, os quais analisam o contrato firmado de forma pouco detalhada, reflexo de um mundo de consumo cada vez mais visual, rápido e de risco, agravado pela vulnerabilidade informacional.[220]

As cláusulas abusivas, uma vez deflagradas, são nulas de pleno direito, sem qualquer validade ou possibilidade de correção (ainda que por vontade expressa das partes), pois são consideradas defeitos jurídicos graves, o que reforça o previsto no artigo 169 do Código Civil.

Mesmo que um consumidor concorde e assine um contrato com cláusulas abusivas, independentemente dos motivos que o levaram a isso, poderá requerer, judicialmente (de forma direta ou mediante a representação de autoridade competente), a declaração de sua nulidade (dentro dos limites do que for atingido pela ilicitude).

Tem-se como exemplos de cláusulas abusivas aquelas que exonerem ou atenuem a responsabilidade dos fornecedores,[221] imponham

[218] Esquecem-se de que a vontade pode existir, porém, pode estar viciada por erro, dolo ou coação, vícios que são transmitidos ao ato. Trata-se de desvio da boa-fé necessária e exigida como guia das relações da vida, em especial, as relações de consumo.

[219] Fonseca, João Leopoldino da. *Cláusulas abusivas nos contratos.* 2ª ed. Rio de Janeiro: Forense, 1998, p. 107-109.

[220] Benjamin, Antônio Herman V.; Marques, Claudia Lima; Bessa, Leonardo Roscoe. *Manual de Direito do Consumidor.* 5ª ed. São Paulo: Revista dos Tribunais, 2013, p. 106.

[221] Artifício contratual utilizado por fornecedores para tentarem fugir da responsabilidade por vícios de qualquer natureza presentes em seus produtos ou serviços. São as chamadas cláusulas de não indenizar. Elas e todas as disposições contratuais que impossibilitem ou dificultem a exigência dos consumidores pela responsabilização dos fornecedores por danos sofridos são nulas.

renúncia de direitos,[222] determinem a transferência da responsabilidade a terceiros,[223] ou a inversão do ônus da prova em desfavor dos consumidores,[224] gerem desequilíbrio e iniquidade na relação jurídica,[225] e estabeleçam a variação unilateral dos preços,[226] o cancelamento e a modificação também unilaterais do contrato.[227-228]

A possibilidade de revisão contratual e de afastar essas cláusulas abusivas (controle de cláusulas abusivas) é fruto do direito moderno, que empreende esforços na busca por tornar mais efetiva a igualdade entre os cidadãos, com o abandono de um plano em que se pretende a igualdade formal, e a adoção de um plano mais concreto (igualdade material), para que assim a proteção aos vulneráveis desempenhe seu papel de forma mais efetiva, com equidade e justiça substancial.[229]

Qualquer parte que venha a ser prejudicada pelo demasiado desequilíbrio ocasionado por cláusula contratual poderá recorrer ao regime da onerosidade excessiva superveniente (proteção de patrimônio e relativização da obrigatoriedade dos pactos)[230] para se resguardar de danos desproporcionais.

[222] Os consumidores não possuem disponibilidade sobre seus direitos de consumo, logo, não é válida a determinação proposta pelos fornecedores em sentido contrário.

[223] Terceiros alheios à relação de consumo não podem ser responsabilizados pelos danos cometidos pelos fornecedores, nem mesmo de modo parcial.

[224] Conforme já tratado, há a vulnerabilidade probatória dos consumidores, dado que grande parte dos documentos da relação de consumo fica na posse dos fornecedores.

[225] Não se pode gerar iniquidade e desequilíbrio, pois o combate a essas desigualdades é o principal motivo e objetivo do Direito do Consumidor, suas leis e normas. Não é válido aumentar a vulnerabilidade.

[226] Os preços devem ser claros, expressos e compreensíveis em respeito ao princípio da informação, o que impossibilita aos fornecedores estipularem variações nos preços, em especial, de forma unilateral, o que o obriga a respeitar o preço estabelecido no contrato.

[227] Se um contrato possibilitar o seu cancelamento, de forma motivada ou não, por parte dos fornecedores, deve autorizar também os consumidores, nos mesmos moldes e condições. Não é permitida a alteração unilateral do contrato, seja ela parcial ou total.

[228] Mamede, Gladston. *Direito do consumidor no turismo: Código de Defesa do Consumidor aplicado aos contratos, serviços e ao marketing do turismo.* São Paulo: Atlas, 2004, p. 145-158.

[229] Fonseca, João Leopoldino da. *Cláusulas abusivas nos contratos.* 2ª ed. Rio de Janeiro: Forense, 1998, p. 193-194.

[230] Khouri, Paulo Roberto Roque Antonio. *A revisão judicial dos contratos no Novo Código Civil, Código do Consumidor e Lei 8.666/93: a onerosidade excessiva superveniente.* São Paulo: Atlas, 2006, p. 135-136.

O artigo 6º, inciso V, do CDC é um exemplo concreto, inclusive na condição de direito básico dos consumidores.[231] É a determinação da necessidade da boa-fé nas relações sociais e jurídicas[232] e a confirmação de que, ao Direito, exige-se o cumprimento de funções sociais, as quais vão além de seus instrumentos e formalidades.[233]

Além da presença de cláusulas abusivas em contratos, o consumidor turista enfrenta a perda (desparecimento), extravio (desaparecimento momentâneo), violação ou avaria em bagagem. Tais transtornos são os problemas mais comuns enfrentados em uma viagem e podem transformar experiências que deveriam ser prazerosas em desagradáveis, o que impossibilita a satisfação completa das necessidades dos turistas, conforme exigem as leis competentes.

Os passageiros de voos nacionais terão até 30 dias, a partir da constatação da perda ou extravio, para requerer a indenização. As empresas responsáveis pelo transporte, por sua vez, possuem 30 dias, a partir da reclamação, para efetuar o pagamento. Expirado o prazo, caberá medida judicial, dentro do período de dois anos da data do evento danoso, com a possibilidade de indenização por danos morais.

O atraso no embarque e o *overbooking*[234] são práticas mais comuns a companhias aéreas. Ambos acarretam o adiamento do voo e demandam a responsabilização da empresa ante a reparação dos danos causados (exceto por caso fortuito ou força maior),[235] com consequente realocação em outro voo e o pagamento das despesas necessárias à sua espera.

As empresas aéreas possuem o permissivo legal de atrasar por até quatro horas (artigo 230 do Código Brasileiro de Aviação – CBA), resguardados os direitos à indenização por danos sofridos em decorrência do atraso. Sob a perspectiva do Código de Defesa do Consumidor, no entanto, qualquer atraso enseja indenização, considerando o lapso tem-

[231] KHOURI, Paulo Roberto Roque Antonio. *A revisão judicial dos contratos no Novo Código Civil, Código do Consumidor e Lei 8.666/93: a onerosidade excessiva superveniente*. São Paulo: Atlas, 2006, p. 38-39.

[232] A boa-fé é condição para eficácia jurídica. Artigo 1.268 do Código Civil, por exemplo.

[233] FONSECA, João Leopoldino da. *Cláusulas abusivas nos contratos*. 2ª ed. Rio de Janeiro: Forense, 1998, p. 107-120.

[234] Disponibiliza a venda de assentos em quantidade superior à existente nas aeronaves.

[235] Excludentes de responsabilidade.

poral estabelecido no Código Brasileiro de Aviação apenas para auxiliar nos critérios de quantificação.

Em caso de acidentes pessoais, morte ou ferimentos, envolvendo empresas aéreas, o Código Brasileiro de Aviação prevê indenizações para o indivíduo ou, se falecido, à sua família, dentro de valores preestabelecidos (limite no valor de 3.500 OTN,[236] equivalentes a algo em torno de R$ 60.000,00 – sessenta mil reais), sem excluir a possibilidade de indenizações no âmbito judicial em decorrência de outros danos. No caso das empresas de transporte rodoviário, não há regulamentação específica, incumbindo exclusivamente a aplicação do Código de Defesa do Consumidor.[237]

Se o turismo for feito dentro de um mesmo país, as dificuldades são atenuadas, haja vista a aplicabilidade das leis locais que protejam os consumidores. No Brasil, as proteções e os direitos são assegurados pelo Código de Defesa do Consumidor. Dentre elas, destaca-se a previsão da responsabilidade solidária entre todos os participantes da cadeia de produção ou comercialização do produto ou serviço,[238] no artigo 18, *caput*, do CDC,[239] e a permissão para que o domícilio do consumidor (autor) seja foro competente para o ingresso de demanda no Poder Judiciário, conforme o artigo 101, inciso I, do CDC.

Essas normas favorecem o cumprimento dos direitos ao acesso à justiça, à facilitação da defesa dos consumidores e à efetividade do processo, pois relativizam os problemas da transitoriedade e do acesso ao Poder Judiciário. Oferecem aos consumidores opções mais cômodas, viáveis e práticas. Tornam mais concretas a proteção e a reparação dos danos que o consumidor possa vir a sofrer.[240]

[236] Obrigações do Tesouro Nacional.

[237] Nieto, Marcos Pinto. *Manual de direito aplicado ao turismo*. 2ª ed. Campinas: Papirus, 2001, p. 133-145.

[238] Todos os fornecedores (industrial, produtor, comerciante ou mero prestador do serviço) ficam coobrigados e solidariamente responsáveis pelo ressarcimento, não há concentração de débito, dos vícios de qualidade ou quantidade que eventualmente venham a ocorrer no fornecimento de produtos ou serviços, o que acelera a reparação do dano, dá maior comodidade, conveniência e assegura que o real causador do dano arque com ele, sem o prejuízo de ações regressivas entre os fornecedores envolvidos.

[239] Grinover, Ada Pellegrini *et al. Código Brasileiro de Defesa do Consumidor comentado pelos autores do anteprojeto*. 10ª ed. Rio de Janeiro: Forense, 2011, v. 1, p. 222-223.

[240] Miragem, Bruno. *Curso de direito do consumidor*. 5ª ed. São Paulo: Revista dos Tribunais, 2014, p. 651-659.

Capítulo 3
Agentes Internacionais e as Principais Normas e Diretrizes da Proteção Internacional aos Consumidores

O turismo é uma atividade econômica muito rentável e que está ligada a questões que vão além do dinheiro e bens materiais. Faz parte de um processo de incorporação de valores e conhecimentos do ser humano. Mas muitos fornecedores não pretendem enxergá-lo dessa forma e se aproveitam da ignorância de boa parte dos visitantes, quando em países estrangeiros, para lhes causar danos enquanto locupletam-se às suas custas.

Para dar maior segurança aos turistas e incentivá-los a continuar a praticar o turismo internacional e consumir produtos e serviços típicos dos locais para onde viajam, há que se melhorar a política e as normas internacionais. Trata-se de um processo complexo, pois envolve diferentes países, culturas (históricas e jurídicas), leis e regras, umas mais e outras menos protetoras.

Alguns agentes internacionais contribuem para a melhoria da proteção internacional dos consumidores (turistas em países estrangeiros, por exemplo), a partir de estudos, promoção de debates e congressos internacionais, elaboração de diretrizes e normas que visam dar maior proteção e segurança aos consumidores, com o objetivo de lhes assegurar um mínimo de proteção (direitos básicos), de forma efetiva, independentemente do país onde estejam.

3.1. As Divergências quanto à Legislação Competente para a Resolução de Conflitos em Relações Internacionais de Consumo

Diversas legislações pelo mundo contêm previsão de um sistema nacional de defesa do consumidor, coordenada pela Administração

Pública, a qual estabelece a política de defesa e proteção ao consumidor. Destacam-se México, Portugal, Venezuela, França e Espanha, dentre outros. Os órgãos encarregados detêm atribuições normativas e fiscalizadoras dos seus próprios comandos, conforme determina o princípio da autoexecutoriedade tão característico do direito administrativo.[241]

Nem sempre o destino do turista será para países considerados desenvolvidos, os quais, em sua maioria, possuem um forte sistema de proteção aos consumidores (o consumo é uma atividade inerente à estrutura econômico-social de cada país).[242] Mesmo nesses países desenvolvidos, há que se considerar a existência de divergências entre as normas de proteção aos consumidores do país de origem e as do país de destino, as quais, via de regra, não são de conhecimento dos turistas estrangeiros e possuem procedimentos burocráticos e demorados, um verdadeiro empecilho na busca pelos direitos dos turistas, dado o caráter transitório das viagens realizadas.

Em observância ao artigo 22, inciso II, do Código de Processo Civil, um consumidor poderá se valer da jurisdição brasileira desde que o fornecedor (demandado) tenha domicílio no país, que a compra do produto ou do serviço tenha ocorrido no Brasil ou, ainda, o serviço tenha sido prestado dentro de seu território.

Além dessas hipóteses, o consumidor, mesmo que brasileiro, deverá se submeter às normas e regras do país onde contratou, o que deflagra uma grave deficiência à garantia de um mínimo de proteção, bem como limita bastante o acesso à justiça, principalmente se forem levadas em consideração as condições dos consumidores transfronteiriços.[243]

Deve-se esclarecer que, com o advento do novo Código de Processo Civil (Lei nº 13.105/2015) e com embasamento na jurisprudência nacio-

[241] Miragem, Bruno. *Curso de direito do consumidor.* 5ª ed. São Paulo: Revista dos Tribunais, 2014, p. 745.

[242] Santana, Héctor Valverde. Globalização econômica e a proteção do consumidor: o mundo entre crises e transformações. *Revista de Direito do Consumidor,* São Paulo: Revista dos Tribunais, v. 98, p. 139, mar./-abr. 2015.

[243] Vieira, Luciane Klein. Os 25 anos de vigência do CDC e as relações internacionais de consumo: desafios e perspectivas. *Revista de Direito do Consumidor,* São Paulo: Revista dos Tribunais, v. 103, p. 113, jan./-fev. 2016.

nal, tem-se reconhecido e aceitado como competente o foro do Estado onde está domiciliado o consumidor, nos casos de responsabilidade civil pelo fato do produto e em decorrência de contrato celebrado no Brasil.

Em outras palavras, determinou-se (a própria Secretaria de Direito Econômico – SDE do Ministério da Justiça reconhece) que a eleição de foro diverso do domicílio do consumidor é cláusula abusiva, pois fere os direitos ao acesso à justiça e à facilitação da defesa, restando nula tal determinação, mesmo em contratos com elementos de internacionalidade.

Tais diretrizes se aplicam apenas no tocante à escolha do foro. Em relação à lei aplicável, contudo, a lei brasileira é definida como a competente nos casos em que os contratos forem celebrados por consumidores dentro do Brasil, residentes ou turistas. Os consumidores brasileiros que celebrarem contratos no estrangeiro estão sujeitos à lei local.

Importante, nesse caso, perceber-se a incoerência e o desprestígio ao consumidor brasileiro, pois, observando-se o artigo 9º, §2º, da Lei de Introdução às Normas do Direito Brasileiro (LINDB), há a determinação de que a obrigação resultante do contrato se considera constituída no lugar onde reside o proponente.

A partir dessa norma, tem-se entendido pela sua incidência em relação aos contratos entre ausentes ou a distância (incluídos os contratos eletrônicos), ou seja, os contratos internacionais concluídos por consumidores seguirão as normas do país dos fornecedores, qualificados como proponentes pelo artigo 30 do Código de Defesa do Consumidor.

O fornecedor estrangeiro que dirige suas atividades comerciais para o mercado brasileiro terá o privilégio de se valer das normas de seu país perante a relação jurídica estabelecida no Brasil, as quais já conhece e está acostumado, ao contrário da parte vulnerável, o consumidor.

Mesmo uma forte legislação de proteção dos direitos dos consumidores, como é o caso da brasileira, é capaz de permitir esses tipos de anomalias e incoerências que elevam a disparidade entre as partes quando a relação atinge o âmbito internacional, razão pela qual esse entendimento deve ser considerado como superado e deve-se definir uma interpretação mais favorável aos consumidores, haja vista que os contratos de consumo não se assemelham com os contratos comerciais internacionais.[244]

Não obstante a comunidade internacional ter consciência da necessidade e urgência de normas que protejam os consumidores, em especial os turistas em países estrangeiros, tema que é pauta entre diversos organismos internacionais, as associações de consumidores e entidades científicas nacionais e internacionais ainda são muito escassas em âmbito internacional (proteção internacional dos consumidores), o que dificulta a esses agentes enfrentar o tema de modo adequado.[245]

No entanto, a solução não é tão simples. Normas existem em todos os países, com a equivalência de determinados mandamentos e interpretações em alguns casos e a divergência (ou inexistência de proteções específicas) em outros. São mais protetoras em uns países e menos em outros.

As misturas e variações normativas, ao invés de auxiliarem o combate às práticas abusivas do mercado, ou mesmo atenuarem as dificuldades enfrentadas pelos consumidores estrangeiros, criam-lhes confusão, incertezas e a sensação de desproteção. Há que se considerar ainda os casos e as situações peculiares com que consumidores de regiões fronteiriças se deparam, com a proximidade de uma série de nações em espaço reduzido (Europa, regiões da Ásia, América Central, entre outras), inclusive com livre circulação (Europa – Espaço Schengen[246] – e países integrantes do Mercosul, por exemplo).[247]

Os turistas estão na vanguarda do comércio internacional, e os países-membros das mais variadas organizações internacionais estão cien-

[244] Vieira, Luciane Klein. Os 25 anos de vigência do CDC e as relações internacionais de consumo: desafios e perspectivas. *Revista de Direito do Consumidor*, São Paulo: Revista dos Tribunais, v. 103, p. 110-116, jan./-fev. 2016.

[245] Santana, Héctor Valverde. Globalização econômica e a proteção do consumidor: o mundo entre crises e transformações. *Revista de Direito do Consumidor*, São Paulo: Revista dos Tribunais, v. 98, p. 136, mar./-abr. 2015.

[246] Acordo para permitir a livre circulação de turistas e cidadãos entre os países signatários, com a exigência apenas da fiscalização aduaneira na entrada ou saída do Espaço Schengen; no interior, ela é desnecessária, bem como a apresentação de passaporte. Posteriormente, foi substituído por Convenção.

[247] Soares, Ardyllis Alves. A tutela internacional do consumidor turista. *Revista de Direito do Consumidor*, v. 82, p. 120, abr./-jun. 2012.

tes da necessidade de modernizar e reforçar a cooperação internacional dos direitos desses cidadãos. Para que haja uma sólida proteção dos consumidores em âmbito nacional, é necessária antes uma adequada proteção em âmbito internacional, pois aquele se baseará neste.[248]

3.2. Os Agentes Internacionais na Função de Norteadores da Proteção aos Consumidores Turistas

Os consumidores possuem maior facilidade para se protegerem contra empresas com sede ou representação em seu país. O acesso à justiça é mais simples e, por consequência, o requerimento de indenizações contra os danos sofridos em decorrência do consumo de serviços, mesmo que prestados no estrangeiro.

Pode-se aplicar a legislação do local onde houve a contratação, logo, as normas do país do consumidor, bem como, mesmo agindo como meros intermediários de serviços prestados por terceiros (estrangeiros ou não), os fornecedores podem se tornar responsáveis solidários em decorrência dos prejuízos que os consumidores venham a sofrer, desde que comprovada sua participação na contratação do serviço gerador do dano, o que facilita o recebimento da indenização.

Em relação aos traslados realizados durante a viagem (sejam eles marítimos, aéreos ou rodoviários) e demais serviços contratados no estrangeiro, já se constatam lacunas e uma zona de incerteza e insegurança que gera temor com a possibilidade de, em caso de falha ou dano, perder-se a experiência da viagem, de forma completa, com reparação inexistente ou incompleta.

São inúmeros os esforços para se solucionar os conflitos de competência e estabelecer o foro do consumidor como o competente para ajuizar ação reparatória dos danos sofridos durante viagem internacional, o que atenuaria bastante as perdas, reduziria a vulnerabilidade do turista, ao passo que facilitaria seu acesso ao Judiciário, em sua língua nativa e com a minimização dos custos.

[248] Nações Unidas no Brasil – onubr. *ONU apoia proteção ao consumidor na 'era do Airbnb' e cita Brasil como exemplo.* Rio de Janeiro, 28 set. 2016. Disponível em: <https://nacoesunidas.org/onu-apoia-protecao-ao-consumidor-na-era-do-airbnb-e-cita-brasil-como-exemplo/>. Acesso em: 25 out. 2016.

Os fornecedores não poderiam mais se embasar nas cláusulas abusivas de seus contratos por adesão, que estabelecem o foro de seu país como o competente. Por consequência, ficariam mais preocupados com a qualidade de seus serviços e produtos, visto que estariam sujeitos à punição de forma concreta, à compensação dos danos causados em decorrência de sua atividade, e não mais imunes, aproveitando-se da ausência de um ordenamento normativo adequado de proteção internacional aos consumidores.[249]

Outra questão que gera controvérsias é a definição de qual legislação deverá ser utilizada para dar solução a uma lide internacional que envolva os direitos do consumidor, se a do local de aquisição (ou onde seria adquirido ou executado) do produto ou serviço, ou a do local de residência do consumidor. A visão clássica determina que a lei aplicável será a do local onde o turista consumiu, ou consumiria, o produto ou serviço, desse modo, adota-se a legislação do foro do fornecedor.

Existem ainda outras duas opções, a adoção da legislação do país do visitante ou então um acordo entre as partes para se definir qual conjunto normativo será aplicado. Na adoção da legislação do país do consumidor, há a possibilidade de ela ser mais favorável, ou não, em relação à do país que recebe o turista. Mesmo correndo esse risco, deve-se considerar o fato de que, ao se optar pela legislação de seu país, ao menos o consumidor saberá quais são seus direitos e garantias, ao contrário da escolha por um regramento novo, que lhe é estranho, ainda que mais benéfico.

No caso da convenção entre as partes, para se estabelecer as regras que devem ser aplicadas, há que se considerar o risco de o fornecedor se valer de seu poder econômico e da vulnerabilidade dos consumidores para impor sua vontade (por meio de cláusula em contrato de adesão, por exemplo), a qual pode levar à escolha da legislação menos favorável ao turista e, por consequência, mais benéfica ao fornecedor.

Para combater as manobras ilícitas do mercado, ou atenuar a vulnerabilidade do consumidor em relação à sua ignorância normativa (no comparativo entre os regramentos dos dois países envolvidos), deve-se determinar, como regra, a escolha da norma mais favorável à parte mais

[249] Soares, Ardyllis Alves. A tutela internacional do consumidor turista. *Revista de Direito do Consumidor*, v. 82, p. 122-123, abr./-jun. 2012.

fraca da relação (a mais vantajosa para a tutela do consumidor), ainda que seja a do país do fornecedor.

É preferível se estabelecer, de forma objetiva, a aplicabilidade de um ordenamento que seja mais adequado ao reequilíbrio da relação (limitar a autonomia da parte mais forte) do que a utilização de mero critério territorial (aplicabilidade da norma do país do consumidor), independentemente de análise do conteúdo normativo, pois, do contrário, estar-se-á correndo o risco de preterir norma mais vantajosa em favor de outra que possui o condão, no caso concreto, de aumentar a disparidade em favor do fornecedor, por exemplo.[250]

As estratégias do mercado para obter cada vez mais relações contratuais e a busca pelo lucro a todo custo são nocivas para as partes envolvidas em uma relação de consumo. Surgem fenômenos como o superendividamento, fruto de relações de consumo praticadas pelo turista por impulso, sem a adequada tomada de decisão (racional, com reflexão acerca das suas condições financeiras e a real necessidade da aquisição do bem), apenas para alimentar suas satisfações pessoais e o consumo hedonista, tal qual ocorre no turismo.

Os fornecedores, por sua vez, lucram a curto prazo, com a venda de grandes quantidades de mercadoria, e incentivam seus clientes a gastarem suas economias com a aquisição dos produtos mais caros, modernos ou socialmente relevantes do mercado, independentemente de sua vontade. A longo prazo, perdem grande potencial de vendas, seja pela falta de crédito ou pelas restrições que seus clientes passam a sofrer, pela incerteza do adimplemento dos produtos ou serviços ofertados, o que reduz de modo considerável o fluxo de negócios.[251]

Com o objetivo de contribuir para que a tutela internacional do consumidor turista seja mais efetiva, com incentivos à criação de regulamentações ou, ao menos, direcionamentos e sugestões para os ordenamentos jurídicos de seus países-membros, no intuito de uma padronização de direitos e princípios mínimos à proteção dos consu-

[250] Soares, Ardyllis Alves. A tutela internacional do consumidor turista. *Revista de Direito do Consumidor*, v. 82, p. 123-126, abr./-jun. 2012.

[251] Soares, Ardyllis Alves. A tutela internacional do consumidor turista. *Revista de Direito do Consumidor*, v. 82, p. 132-135, abr./-jun. 2012.

midores, agentes internacionais[252] apresentam-se, de forma direta ou indireta, como sujeitos responsáveis pela busca por atenuar a condição de excessiva vulnerabilidade dos consumidores turistas em país estrangeiro.

São exemplos, com maior ou menor destaque, a Organização das Nações Unidas (ONU), a Organização Mundial do Turismo (OMT), a Organização das Nações Unidas para a Educação, a Ciência e a Cultura (UNESCO), a Organização Mundial do Comércio (OMC), a Organização dos Estados Americanos (OEA), o Mercosul, a União Europeia e a *International Law Association* (ILA), entre outros.[253]

Por meio das estruturas internacionais do turismo, formadas por tais agentes, procura-se assegurar o desenvolvimento harmônico da atividade turística em âmbito global, com atividades coordenadas e em cooperação,[254] voltadas aos mais variados ramos do turismo (hotelaria, proteção ao patrimônio histórico-cultural e vários outros), para que estes sejam prestados de forma ética e inteligente e, por consequência, com maiores benefícios aos turistas.[255]

3.2.1. Organização Mundial do Turismo

A Organização Mundial do Turismo (OMT) é a maior organização internacional na área de viagens e do turismo. Órgão intergovernamental, sediado em Madri, na Espanha, sucedeu, no ano de 1975, a desgastada e pouco eficiente União Internacional dos Órgãos Oficiais do Turismo e assumiu papel fundamental nas negociações e no desenvolvimento do turismo internacional.

Tem como principal objetivo criar normas gerais, as quais servirão como padrão de conduta para os Estados-membros, bem como para as empresas vinculadas à Organização (*trade* turístico), as quais assumem

[252] Organizações internacionais, públicas e privadas, institutos e blocos econômicos regionais.

[253] Soares, Ardyllis Alves. A tutela internacional do consumidor turista. *Revista de Direito do Consumidor*, v. 82, p. 135, abr./-jun. 2012.

[254] Diálogo de cortes, entes e órgãos administrativos distintos para executar e efetivar a defesa do consumidor turista.

[255] Badaró, Rui Aurélio de Lacerda. *Direito do turismo: história e legislação no Brasil e no exterior.* São Paulo: Senac, 2003, p. 101.

a condição de membros afiliados.[256] Enfoca, de maneira mais específica, a necessidade de condutas éticas por parte dos fornecedores que atuam nessa área, ao passo que elabora grande quantidade de materiais de pesquisa sobre o turismo, nas mais variadas vertentes e categorias.

Em 23 de dezembro de 2003, com a Resolução nº 58/232 da Assembleia Geral da ONU, passou a atuar também como agência executiva do Programa de Desenvolvimento das Nações Unidas e assinou um acordo formal de cooperação com a ONU, o que demonstra a existência de vinculação entre elas.

Tornou-se a responsável pela criação da Declaração de Manila sobre Turismo Internacional, no ano de 1980, da Carta de Direitos do Turismo e Código do Turista, em 1985, e da Declaração da Haia sobre o Turismo, e que culmina no Código de Ética Mundial para o Turismo, em 1º de outubro de 1999, com a Resolução nº 56/212 da Assembleia Geral da ONU (aprovada em 21 de dezembro de 2001).[257]

Trata-se de um fórum global, um tribunal mundial, que analisa e define as políticas do setor. Composta por mais de 350 membros afiliados (governos locais, associações de turismo, companhias privadas que atuam no setor, companhias aéreas, grupos hoteleiros e operadores turísticos), os quais representam cerca de 150 países, aspirando a maximização dos efeitos positivos do turismo.

Possui representantes regionais (embaixadores itinerantes da OMT), que se espalham por regiões da África, América, Ásia, Europa e do Oriente Médio. Realizam ações diretas e específicas, focadas na região na qual são competentes, e servem como reforço e apoio para as administrações nacionais do turismo,[258] com a realização de contatos entre os países-membros. Atuam na promoção e organização de seminários e conferências regionais (desenvolvimento do turismo local), com incentivo ao turismo em locais específicos e a conscientização acerca da necessidade de segurança e proteção aos turistas.

[256] BADARÓ, Rui Aurélio de Lacerda. *Direito do turismo: história e legislação no Brasil e no exterior.* São Paulo: Senac, 2003, p. 97-102.

[257] SOARES, Ardyllis Alves. A tutela internacional do consumidor turista. *Revista de Direito do Consumidor,* v. 82, p. 138-141, abr./-jun. 2012.

[258] Os representantes participam de reuniões e encontros com o alto escalão do turismo de cada um dos países que componham sua região de competência. Auxiliam no estudo de problemas e na busca por soluções.

É formada por três categorias de membros, os efetivos (Estados-membros), os associados e os afiliados. A condição de membro efetivo é acessível a todos os Estados soberanos; a de membro associado, a todos os territórios que não possuem responsabilidade sobre suas relações exteriores;[259] e a de afiliado engloba os organismos e empresas que trabalham de forma direta com o setor de viagens e turismo. É a única organização intergovernamental em que o setor operacional é autorizado a aderir.

A OMT é financiada em sua maior parte por contribuições realizadas pelos próprios Estados-membros e membros associados ou afiliados. Os Estados-membros efetivos pagam contribuição anual, calculada com base em seu desenvolvimento econômico e no grau de importância do seu turismo. Os associados pagam contribuições fixas, em torno de 50 mil dólares, enquanto os membros afiliados contribuem com cerca de cinco mil dólares por ano. Há ainda um reforço no orçamento realizado pela ONU, com a destinação de aproximadamente 200 milhões de dólares por ano para a elaboração de projetos de natureza cultural em parceria com a Unesco.

Os principais órgãos da OMT são a Assembleia Geral, o Conselho Executivo, as Comissões Regionais, os Comitês e o Secretariado. A Assembleia Geral é o órgão supremo da OMT e se reúne a cada dois anos para aprovar o orçamento, o programa de trabalho e discutir temas de relevância econômica para o setor turístico. É composta por um secretário-geral, eleito a cada quatro anos, pelos delegados que representam os Estados-membros e os membros associados, que detêm direito a voto. Os membros afiliados e representantes de outros organismos internacionais participam das reuniões apenas como observadores.

O Conselho Executivo é o conselho de direção. Encarrega-se de zelar pelo bom funcionamento da Organização e por todas as ações que por ela são colocadas em prática, bem como pelo controle na forma de execução do orçamento estabelecido. Reúne-se duas vezes por ano e é composto por 26 membros, eleitos pela Assembleia Geral (há um conselho para cada cinco Estados-membros). Os membros associados e afiliados participam como observadores.

[259] Para que seja possível a candidatura à condição de membro, é necessário apoio de um Estado que se responsabilize por suas relações internacionais.

A OMT conta com seis Comissões Regionais, voltadas a tarefas na África, América, Ásia ocidental e oriental, Europa e Oriente Médio, que se reúnem, no mínimo, uma vez por ano e são compostas pela união dos Estados-membros e dos membros associados de cada região (membros afiliados assistem como observadores).

Os Comitês fornecem os dados necessários à elaboração e execução de projetos e programas em todas as áreas, entre elas a orçamentária, a estatística e a financeira. O Secretariado, por sua vez, é coordenado pelo secretário-geral e tem a função de colocar em prática o programa de trabalho da OMT, bem como atender às necessidades dos Estados-membros.[260]

3.2.2. Organização das Nações Unidas

A Organização das Nações Unidas (ONU) é a maior e mais simbólica organização internacional da atualidade.[261] Criada após a Segunda Guerra Mundial, iniciou oficialmente suas atividades no dia 24 de outubro de 1945, depois da ratificação da Carta das Nações Unidas[262] pela China, Estados Unidos, França, Reino Unido e a antiga União Soviética. É formada por países que, de modo voluntário, se reúnem para juntar esforços pela paz e pelo desenvolvimento mundial.

Hoje, sua estrutura central fica em Nova York (EUA), com sedes em Genebra (Suíça), Viena (Áustria), Nairóbi (Quênia), Addis Abeba (Etiópia), Bangcoc (Tailândia), Beirute (Líbano) e Santiago (Chile), além de possuir escritórios espalhados em várias localidades do mundo.[263]

Foi a responsável por traçar linhas gerais sobre a proteção aos consumidores, assim como elaborar e ratificar resoluções cujo objeto fora a temática turística (internacional). Dentre elas, destacam-se as Resoluções nºs 39/248, de 10 de abril de 1985, inclusive com forte influência

260 Badaró, Rui Aurélio de Lacerda. *Direito do turismo: história e legislação no Brasil e no exterior.* São Paulo: Senac, 2003, p. 101-114.

261 Soares, Ardyllis Alves. A tutela internacional do consumidor turista. *Revista de Direito do Consumidor*, v. 82, p. 136, abr./-jun. 2012.

262 Elaborada por representantes de 50 países presentes à Conferência sobre Organização Internacional, ocorrida na cidade de São Francisco, nos EUA, entre 25 de abril e 26 de junho de 1945.

263 Nações Unidas no Brasil – onubr. *A história da Organização.* Disponível em: <https://nacoesunidas.org/conheca/historia/>. Acesso em: 30 out. 2016.

no Código de Defesa do Consumidor brasileiro,[264] e 58/232, ainda que organizada pela Organização Mundial do Turismo,[265] quando reconheceu a OMT como sua agência especializada.

Apresenta as diretrizes e os objetivos que devem ser adotados pela comunidade internacional, adequados aos seus respectivos ordenamentos jurídicos. Instiga a participação em cooperação para dar soluções e apresentar novas ideias para a proteção dos consumidores no âmbito internacional. Busca harmonizar os padrões de qualidade ligados às relações de consumo, ao menos, uma uniformidade mínima, suficiente para satisfazer às principais necessidades dos consumidores, um público qualificado e exigente, com a pretensão de atender às suas expectativas.

3.2.3. Unesco

A Organização das Nações Unidas para Educação, a Ciência e a Cultura (Unesco) foi criada na Conferência de Londres, no ano de 1945. Atua pela preservação de sítios que representam patrimônio histórico para comunidades específicas ou até mesmo a população mundial (reconhecimento do seu valor cultural e de sua potencialidade como mercadoria de consumo cultural). Vale-se, para tanto, de suas dez recomendações internacionais e quatro convenções internacionais sobre diferentes aspectos do tema.

Ao preservar um sítio turístico, de valor histórico e cultural elevado, transforma-se esse local em alvo de atenção dos turistas em geral, colocando-o em evidência nacional e internacionalmente, o que facilita e favorece o enriquecimento cultural desses povos, assim como fomenta a economia local por meio dos movimentos e do comércio advindos da atividade turística (turismo sustentável).

A Unesco realiza ações em parceria e cooperação com outras organizações internacionais, como é o caso da Organização Mundial do Turismo no Projeto Rotas da Seda, que busca melhorar o potencial eco-

[264] Klausner, Eduardo Antônio. A globalização e a proteção do consumidor brasileiro. *Revista de Direito do Consumidor*, v. 97, jan./-fev. 2015, p. 71.

[265] Marques, Claudia Lima. Esforços para incluir o tema da proteção do turista na Agenda de Trabalho da Conferência de Haia e a proposta brasileira de "Convenção de Cooperação em Matéria de Proteção dos Visitantes e Turistas Estrangeiros". *Revista de Direito do Consumidor*, v. 90, p. 44, nov./-dez. 2013.

nômico de 26 países[266] e revitalizar as variadas rotas da seda por meio do turismo, destacando seu contexto histórico e sua importância para a civilização.[267]

A Conferência Geral da Unesco adotou, em 1972, a Convenção para a Proteção do Patrimônio Mundial, Cultural e Natural, com o objetivo de proteger os bens naturais e culturais únicos do mundo, ameaçados pela degradação decorrente do acelerado desenvolvimento e processo de globalização moderno (turismo como atividade de massa). A Convenção determina que alguns bens naturais e culturais, em virtude do seu valor, importância e exclusividade (por serem elementos únicos), precisam ser protegidos e preservados por todos da comunidade internacional, esse é seu dever.

A Convenção, no ano de 1995, já possuía a ratificação de 140 Estados, e a lista de patrimônios mundiais já abarcava cerca de 440 bens inscritos, os quais estavam localizados em mais de 100 países. Ao aderir à Convenção, os Estados aceitavam adotar uma política geral para a proteção e preservação do patrimônio natural e cultural, tal como integrar sua respectiva proteção aos programas diretores de proteção e preservação histórica.

Os Estados se engajaram na tarefa de identificar e registrar os bens de valor universal na lista do patrimônio mundial. A partir do momento em que consta o registro, o bem ganha uma proteção estatal mais eficaz, em conjunto com a comunidade internacional, já que os Estados signatários da Convenção se comprometem a não tomar medidas que tenham a capacidade de prejudicar, de forma direta ou indireta, o patrimônio cultural ou natural que esteja no território de outros Estados signatários. Eles contribuem, uma vez por ano, com o Fundo do Patrimônio Mundial, que tem como principal função a cooperação internacional pela preservação dos bens registrados.

O Comitê do Patrimônio Mundial toma as decisões à efetivação da Convenção, após consulta a três organismos especializados na matéria.

[266] Albânia, Armênia, Azerbaijão, China, Croácia, Coreia do Norte, Coreia do Sul, Egito, Geórgia, Grécia, Irã, Iraque, Israel, Itália, Japão, Cazaquistão, Quirquistão, Mongólia, Paquistão, Rússia, Arábia Saudita, Síria, Tajiquistão, Turquia, Turcomenistão, Ucrânia e Uzbequistão.

[267] SOARES, Ardyllis Alves. A tutela internacional do consumidor turista. *Revista de Direito do Consumidor*, v. 82, p. 150-151, abr./-jun. 2012.

É composto por 21 Estados signatários, eleitos por todos os outros signatários durante conferência geral da Unesco, com mandato de seis anos.

Eles são auxiliados por dois organismos não governamentais, o Conselho Internacional dos Monumentos e Sítios (Icomos) e a União Mundial pela Natureza (UICN), no procedimento de verificação e avaliação das propostas de inscrição de sítios culturais e naturais, com uma análise prévia sobre suas respectivas condições de conservação.

Durante o processo de avaliação e análise de inscrição de sítios de valor universal, passíveis de se tornarem integrantes do patrimônio mundial, a Unesco fornece assistência preparatória e realiza estudos no local candidato. Averigua o estado de conservação do sítio, bem como sua proteção e os meios que possam assegurar a sua preservação em um curto prazo (se há ameaças sérias e precisas ao sítio).

Em seguida, o Comitê avalia as inscrições segundo critérios de seleção e de condições necessárias, os quais incluem a autenticidade, integridade e proteção e, se for o caso, pode providenciar uma ajuda emergencial de ordem financeira ou material ao Estado signatário responsável pelo sítio ameaçado.[268]

3.2.4. *International Law Association*

A *International Law Association* é uma entidade científica privada.[269] Organização não governamental, foi fundada na cidade de Bruxelas (Bélgica) no ano de 1873, e hoje sua sede é situada em Londres (Inglaterra). Seus estudos são motivados pela busca da proteção internacional ao consumidor, diante da complexidade das transações transfronteiriças e das dificuldades geradas no tocante às informações de segurança e qualidade sobre produtos e serviços.

Tem como objetivo a promoção, o estudo e o desenvolvimento do Direito internacional público e privado. Conta com mais de 3.500 associados de diversos países. Suas deliberações são consideradas como fonte de direito internacional, o que a torna uma das mais importantes

[268] Badaró, Rui Aurélio de Lacerda. *Direito do turismo: história e legislação no Brasil e no exterior.* São Paulo: Senac, 2003, p. 126-128.

[269] Santana, Héctor Valverde. Globalização econômica e a proteção do consumidor: o mundo entre crises e transformações. *Revista de Direito do Consumidor*, São Paulo: Revista dos Tribunais, v. 98, p. 136, mar./-abr. 2015.

entidades científicas de Direito do mundo, e tem como grandes preocupações as peculiaridades que envolvem o comércio eletrônico, o ato de consumo praticado em outro país.[270]

Muitos de seus estudos se basearam na necessidade de desenvolver e atualizar as normas contidas na Resolução nº 248 da ONU. Demanda uma postura ativa dos Estados integrantes da comunidade internacional para a harmonização das leis protetivas ao consumidor, no intuito de assegurar a sua efetividade (instiga a adoção da regra da lei mais favorável ao consumidor, no caso de conflitos em disputas relativas a contratos de consumo, bem como a possibilidade da escolha, por parte do consumidor, do foro competente – o mais conveniente – para propositura de ação contra fornecedores nacionais ou internacionais).

Foi a responsável pelo 75º Congresso de Direito Internacional, realizado na cidade de Sófia, na Bulgária, oportunidade em que o Comitê de Proteção Internacional dos Consumidores, presidido pela professora Claudia Lima Marques, após quatro anos de intensos estudos, deliberou pela aprovação da Resolução nº 04/2012, a qual firmou o entendimento da imprescindibilidade da proteção aos consumidores no âmbito internacional, ao passo que aprovou e determinou os princípios básicos dessa proteção.

Já na 76ª Conferência da *International Law Association*, realizada entre os dias 7 e 11 de abril de 2014, na cidade de Washington-DC, nos EUA, a Assembleia Geral da entidade deliberou pela aprovação de quatro resoluções, as quais versavam sobre a reparação de danos para vítimas de conflitos armados, os princípios legais relativos à mudança climática, o direito comercial internacional e o direito à herança cultural.

No decurso dessa Conferência, diversos comitês temáticos realizaram estudos de casos e proposições de caráter científico, com destaque ao Comitê de Proteção Internacional dos Consumidores, ainda presidido pela professora Claudia Lima Marques (Brasil) e com a relatoria da professora Wei Dan (China).[271]

[270] SANTANA, Héctor Valverde. Globalização econômica e a proteção do consumidor: o mundo entre crises e transformações. *Revista de Direito do Consumidor*, São Paulo: Revista dos Tribunais, v. 98, p. 144-147, mar./-abr. 2015.

[271] SANTANA, Héctor Valverde. Globalização econômica e a proteção do consumidor: o mundo entre crises e transformações. *Revista de Direito do Consumidor*, São Paulo: Revista dos Tribunais, v. 98, p. 145, mar./-abr. 2015.

Seus estudos e reuniões servem de inspiração e como diretrizes para que vários países fomentem o debate, realizem ações concretas e criem normas internas de proteção aos consumidores, como são os casos da China, Canadá, Holanda, Estados Unidos e Argentina, onde motivaram importantes modificações no ordenamento interno de proteção aos consumidores, como o desenvolvimento de pesquisas no setor e a criação de normas e agências[272] para o aumento da proteção dos consumidores.[273]

3.2.5. Organização Mundial do Comércio

A Organização Mundial do Comércio (OMC) é uma organização intergovernamental que tem como objetivo supervisionar e liberalizar o comércio internacional. A partir de 1º de janeiro de 1995, substituiu o Acordo Geral sobre Comércio e Tarifas (GATT),[274] que buscava coibir as práticas protecionistas e harmonizar as tarifas aduaneiras.

A OMC é fruto da nova estrutura global e da globalização do comércio internacional. Acarretou, além da necessidade da criação de organismos econômicos internacionais, a integração econômica dos Estados em blocos regionais, a crescente formação e atuação de empresas transnacionais com relevante dimensão econômica, o desenvolvimento tecnológico e a redução dos custos de produção e comércio nos setores de transporte, comunicação, informação de dados e mobilidade de capitais.

Todos esses aspectos intensificaram o comércio internacional e romperam com as barreiras comerciais, no sentido de homogeneizar padrões culturais e de consumo. Trouxeram consigo, por consequência, preocupações quanto à proteção dos consumidores neste mundo globalizado.[275]

[272] Caso da *Consumer Finacial Protection Bureau* (CFPB) nos Estados Unidos, voltada para a proteção financeira do consumidor. Tem como objetivos a proteção dos interesses dos consumidores nas transações financeiras, o controle das práticas nocivas das instituições e a promoção da informação adequada e clara sobre as questões financeiras em geral.

[273] SANTANA, Héctor Valverde. Globalização econômica e a proteção do consumidor: o mundo entre crises e transformações. *Revista de Direito do Consumidor*, São Paulo: Revista dos Tribunais, v. 98, p. 144-147, mar./-abr. 2015.

[274] *General Agreement on Tariffs and Trade.*

[275] SANTANA, Héctor Valverde. Globalização econômica e a proteção do consumidor: o mundo entre crises e transformações. *Revista de Direito do Consumidor*, São Paulo: Revista dos Tribunais, v. 98, p. 138, mar./-abr. 2015.

Os serviços na OMC são tratados no âmbito do *General Agreement on Trade in Services* (GATS),[276] acordo que representou um primeiro passo no sentido da liberalização do comércio internacional de serviços,[277] com destaque aos serviços de turismo, um dos principais objetos de análise por parte do GATS desde sua formação.

Existem quatro formas de oferta de serviços internacionais que serão objetos da OMC,[278] o fornecimento de serviços transfronteiriços (*cross-border*),[279] a prestação de serviços destinada a um consumidor de outro membro (*consumption abroad*),[280] a presença comercial (*commercial presence*)[281] e a presença de pessoas naturais (*presence of natural persons*).[282-283]

O GATS apresenta uma lista de obrigações gerais dos Estados-membros, que inclui a transparência, a integração econômica e a regulamentação interna. Descreve de forma minuciosa as medidas sujeitas aos compromissos específicos do acesso aos mercados (limitação do número de prestadores, do valor total das transações, da participação e capital estrangeiro ou medidas que restrinjam tipos específicos de entidades).

Os compromissos específicos dos Estados-membros sobre serviços perfazem três partes. Primeiro, formam-se compromissos horizontais que influenciam todos os setores,[284] em seguida, passa-se pelos compromissos de alguns setores específicos e, por fim, pelas isenções correspondentes ao tratamento de Nação Mais Favorecida (NMF).

[276] Acordo Geral sobre o Comércio de Serviços.

[277] Dan, Wei. A proteção do turista através do direito do consumidor: efeitos da globalização e o estudo empírico da China. *Revista de Direito do Consumidor*, São Paulo: Revista dos Tribunais, v. 83, p. 208-209, jul./-set. 2012.

[278] Soares, Ardyllis Alves. A tutela internacional do consumidor turista. *Revista de Direito do Consumidor*, v. 82, p. 147, abr./-jun. 2012.

[279] O serviço atravessa a fronteira e vai até o país do consumidor.

[280] O consumo estrangeiro, aquele em que o consumidor atravessa a fronteira para usufruir de serviços dispensados no país da empresa contratada.

[281] A empresa sediada em um país estrangeiro que mantém um estabelecimento comercial no país do consumidor.

[282] Pessoas físicas, autônomas ou por intermédio de uma empresa, prestam serviços para cidadãos ou empresas em outro país.

[283] Soares, Ardyllis Alves. A tutela internacional do consumidor turista. *Revista de Direito do Consumidor*, v. 82, p. 147-149, abr./-jun. 2012.

[284] Circulação de pessoas singulares e de capitais.

Essa abertura do setor turístico e a entrada de concorrentes estrangeiros fomentaram a nova estrutura do mercado interno e, com isso, possibilitaram variações nos seus serviços. Os turistas passam a ter mais alternativas de escolha e melhor qualidade nos serviços que contratam, fruto da disputa entre os fornecedores para atraírem consumidores.[285]

Percebe-se que o consumo estrangeiro é um típico exemplo que retrata as peculiaridades da prestação de serviços ao turista internacional. Muito embora o GATS tenha como principal preocupação o fornecimento de serviços, também reconhece que as transações referentes a esses serviços só ocorrem quando os consumidores viajam para o exterior para adquiri-los, o que legitima a OMC a participar da tutela dos consumidores turistas, mesmo que de forma indireta, por meio de painéis no Órgão de Soluções de Controvérsias (OSC).

O GATS promove valores anexos ao comércio de serviços[286] e, por isso, se torna um agente indireto na proteção dos consumidores turistas, ainda que sua lista de serviços reconhecidos como pertencentes à atividade turística seja muito limitada[287] e diversa da sugerida pela OMT, que em seu *Standard International Classification of Tourism Activities* (Sicta) identifica mais de 70 serviços ligados de forma direta à atividade turística e outros 70 de forma indireta.[288]

3.2.6. Organização dos Estados Americanos

A Organização dos Estados Americanos busca uniformizar temas, no âmbito do direito internacional privado, que sejam objeto de análise, estudos e debate por parte de seus Estados-membros. A uniformização ocorre como resultado das Conferências Especializadas Interamericanas de Direito Internacional Privado (Cidips), dentre as quais há que se destacar a Cidip VII.

285 DAN, Wei. A proteção do turista através do direito do consumidor: efeitos da globalização e o estudo empírico da China. *Revista de Direito do Consumidor,* São Paulo: Revista dos Tribunais, v. 83, p. 208-209, jul./-set. 2012.

286 Turismo sustentável, por exemplo.

287 Enquadram-se apenas as atividades ofertadas por hotéis, restaurantes, agências e operadores de viagem e guias turísticos.

288 SOARES, Ardyllis Alves. A tutela internacional do consumidor turista. *Revista de Direito do Consumidor,* v. 82, p. 149-150, abr./-jun. 2012.

A Cidip VII iniciou seus trabalhos no ano de 2003, após consultas a especialistas sobre a escolha dos temas a serem tratados, quando se optou pela proteção aos consumidores e as garantias mobiliárias como os mais relevantes para aquele momento. Desde então, depois de várias sessões e debates, cinco propostas surgiram como resultado da Cidip VII.

Para a proteção dos consumidores, destaca-se a proposta de número 5, denominada Proposta Buenos Aires, elaborada em conjunto por Brasil, Argentina e Paraguai. Foi dividida em quatro capítulos: Âmbito de Aplicação, Direito Aplicado, Disposições Gerais e Disposições Finais, e é composta por 23 artigos, dos quais 11 são voltados ao tratamento dos consumidores e os demais são meras formalidades existentes em todas as Cidips.[289]

Dentro do aspecto estrutural da Proposta Buenos Aires há também três protocolos adicionais, um sobre definições, um sobre a aplicação da convenção e o último sobre a jurisdição internacional em matéria de determinados contratos e relações de consumo. O objetivo desses protocolos é retirar do corpo da proposta temas cuja uniformização seja mais difícil, facultando[290] aos Estados a sua concordância ou não, o que torna mais visível o esforço para que a elaboração de uma convenção seja exitosa.

A Proposta Buenos Aires apresenta as definições de consumidor[291] e de consumidor equiparado,[292] ressaltando a impossibilidade de se configurar pessoa jurídica como consumidora (ao contrário do que ocorre no CDC) e às definições de contrato e relação internacional de consumo. Há relação internacional de consumo quando o consumidor tem seu domicílio, no momento da contratação, em um Estado-membro

[289] Soares, Ardyllis Alves. A tutela internacional do consumidor turista. *Revista de Direito do Consumidor*, v. 82, p. 142-144, abr./-jun. 2012.

[290] É possibilitado ao Estado-membro aderir ao texto da convenção, facultada a sua adesão aos três protocolos, sem que assim seja desvirtuado o núcleo da proposta, que é a própria convenção.

[291] "Qualquer pessoa física que, diante a um profissional ou fornecedor de bens e serviços, atue com fins pessoais, familiares ou domésticos ou que não pertençam ao âmbito de sua atividade profissional ou com fins de revenda."

[292] São terceiros que usufruem diretamente, como destinatários finais, dos produtos ou serviços contratados.

diverso do domicílio ou sede do fornecedor (empresa, profissional) que atuou na transação, operação ou contrato.[293]

O âmbito de aplicação se dá de forma inversa, com a enumeração de 12 exceções à sua incidência. Engloba, portanto, grande parte das relações de consumo transfronteiriças, pois amplia a sua aplicabilidade a todos os demais casos que não estejam enquadrados nas exceções expressamente mencionadas na Proposta, ou que sejam fruto de regulamentações previstas em convenções internacionais.

A Proposta Buenos Aires proporciona uma maior proteção dos vulneráveis ante a liberdade de iniciativa de particulares, com a repressão a abusos do mercado. Caso o consumidor esteja fora do Estado do seu domicílio, os contratos e transações serão regidos pelo direito escolhido pelas partes, seja o do local de celebração do contrato (local onde consumidor e fornecedor se encontraram, fisicamente), seja o da sua execução ou o do domicílio do consumidor.[294]

Com relação aos contratos internacionais de viagens individuais adquiridas em pacotes ou com serviços combinados (grupos turísticos ou em conjunto com outros serviços de hotelaria ou turísticos), a Proposta define que o direito aplicado é o do domicílio do consumidor, caso o fornecedor tenha filial ou a sede nesse mesmo lugar, ou lá tenha ocorrido a oferta, publicidade ou qualquer negociação prévia por parte do fornecedor, agente ou seus respectivos representantes legais.[295]

3.2.7. Blocos Econômicos: Mercosul e União Europeia

O processo de globalização impôs aos Estados a necessidade de se agruparem em blocos regionais, pois, diante da internacionalização do mercado, da diminuição das fronteiras e do dinamismo que o mundo passou a apresentar, essas uniões criam oportunidades para que seus membros se mantenham mais organizados, com maior controle regional e se tor-

[293] SOARES, Ardyllis Alves. A tutela internacional do consumidor turista. *Revista de Direito do Consumidor*, v. 82, p. 144-145, abr./-jun. 2012.

[294] Basta que o consumidor mencione a preferência pela regulamentação da relação de consumo almejada com base em seu direito pátrio, no momento de celebração do contrato.

[295] SOARES, Ardyllis Alves. A tutela internacional do consumidor turista. *Revista de Direito do Consumidor*, v. 82, p. 145-147, abr./-jun. 2012.

nem mais competitivos do ponto de vista econômico e político no plano internacional.[296]

Os blocos econômicos são importantes entes na tutela internacional dos direitos dos consumidores. Estabelecem regras e diretrizes a serem observadas pelos Estados que os compõem, com políticas de facilitação de acesso e circulação, tanto de pessoas quanto de mercadorias, agregando seus signatários e fomentando o turismo entre eles. No presente tópico, por possuírem grande destaque na proteção dos consumidores, será tratado apenas dos blocos econômicos do Mercosul e da União Europeia.

O Mercado Comum do Sul, ou Mercosul, tem percebido a relevância do tema da proteção ao consumidor turista. Vários projetos nesse sentido estão em análise ou em desenvolvimento. Por exemplo, por meio da Resolução nº 126/1994, elaborou-se um regulamento comum, na busca pela melhoria e uniformização das normas de proteção aos consumidores referentes aos seus Estados-membros, o que proporciona um duplo benefício ao consumidor turista.

Com a uniformização das normas, o consumidor passa a ter maior segurança quanto às normas aplicáveis, e maior conhecimento, pois, de acordo com o que se pretende, caso viaje para qualquer um dos Estados-membros, as normas seriam semelhantes às de seu país de origem.

Os fornecedores se beneficiariam diante de condições com maior segurança jurídica, com oportunidades de adentrar e competir no mercado de países vizinhos, o que fomentaria a concorrência e contribuiria para a queda dos preços dos produtos e serviços dentro do bloco econômico, bem como a melhora na qualidade das mercadorias postas no mercado.

A Resolução nº 126/1994, ao determinar que as normas nacionais existentes fossem eficazes enquanto ainda não houvesse harmonia normativa em todo o bloco, ou seja, enquanto não fosse criada uma única norma capaz de regular todas as relações de consumo do bloco, se pre-

[296] SANTANA, Héctor Valverde. Globalização econômica e a proteção do consumidor: o mundo entre crises e transformações. *Revista de Direito do Consumidor*, São Paulo: Revista dos Tribunais, v. 98, p. 138, mar./-abr. 2015.

cipitou e erroneamente fez crer que essa regulamentação ocorreria de forma rápida, em momento posterior.[297]

Não houve qualquer esforço para a harmonização entre as normas, do mesmo modo que ainda não há perspectiva para a criação da norma protetora do Mercosul, o que transforma a referida Resolução em um mero enunciado com boas intenções, mas pouca efetividade, em razão do momentâneo desinteresse de seus Estados-membros.[298]

Com essa consciência, criou-se o Comitê de Trabalho nº 7 (CT-7),[299] cujo tema específico é a defesa do consumidor no bloco regional. O CT-7 é vinculado à Comissão do Comércio do Mercosul (CCM), que, por sua vez, é órgão de assessoria do Grupo Mercado Comum (GMC), órgão executivo do Mercosul, ambos subordinados ao Conselho do Mercado Comum (CMC), órgão que representa a cúpula administrativa do referido bloco regional.

A partir de sua criação, o CT-7 elaborou várias normas para a proteção dos consumidores que circulam dentro dos países do Mercosul, em especial, os turistas. Entre elas, as mais importantes são as Resoluções nºs 123/1996,[300] 124/1996[301] e 125/1996,[302] com o esclarecimento de definições e conceitos, estabelecimento de direitos básicos e proteções essenciais à saúde e segurança dos consumidores.[303]

[297] Primeiro se pretende a harmonização entre as normas para que, em seguida, seja criada a referida norma que irá abranger todo o Mercosul.

[298] SOARES, Ardyllis Alves. A tutela internacional do consumidor turista. *Revista de Direito do Consumidor*, v. 82, p. 153-154, abr./-jun. 2012.

[299] Existem dez Comitês de Trabalho, cada um com assuntos específicos. Os outros nove são voltados às tarifas, nomenclaturas e classificação de mercadorias, assuntos aduaneiros, normas e disciplinas comerciais, políticas públicas que distorcem a competitividade, defesa da concorrência, práticas desleais do comércio, restrições não tarifárias, setor automotriz e setor têxtil.

[300] Define os conceitos de consumidor, *standard* e equiparados, de fornecedor, relação de consumo, produto e serviço.

[301] Define os direitos básicos dos consumidores, os quais são praticamente os mesmos do Código de Defesa do Consumidor brasileiro.

[302] Trata da mais importante entre todas as proteções, a saúde e segurança dos consumidores.

[303] SOARES, Ardyllis Alves. A tutela internacional do consumidor turista. *Revista de Direito do Consumidor*, v. 82, p. 154-158, abr./-jun. 2012.

O CT-7 também é o responsável pelo Projeto Piloto de Atenção ao Consumidor Turista, que dá um enorme destaque à proteção desses indivíduos. Foram criados formulários bilíngues de reclamação,[304] disponibilizado pelos órgãos participantes (até mesmo por meio eletrônico), que facilitou o atendimento aos consumidores, turistas ou visitantes que sofram eventuais danos de consumo.[305]

Há uma comunicação entre os órgãos de proteção aos consumidores do local onde ocorreu o problema e os do local de residência do turista (ou viajante), até o resultado da demanda, uma verdadeira rede de trocas de informações. O Projeto Piloto conta com a participação das cidades de São Paulo, Rio de Janeiro, Buenos Aires, Montevidéu, entre outras.[306]

Outro bloco econômico que se mostra muito importante no cenário mundial é a União Europeia. É o resultado de um processo de integração que se iniciou no ano de 1951, entre seis países, Bélgica, Alemanha, França, Itália, Luxemburgo e Países Baixos, incorporando vários outros nos anos seguintes. Seu objetivo é organizar, de forma coerente e solidária, as relações entre os Estados-membros.

Busca a promoção do progresso econômico e social, a afirmação da identidade europeia no cenário internacional, a instituição de uma cidadania europeia, a criação de um espaço de liberdade, segurança e justiça e a manutenção e o desenvolvimento do acervo comunitário. É formada por cinco instituições, o Parlamento Europeu,[307]

[304] Os órgãos de proteção realizam atendimento e tentativa de conciliação, o que assegura maior e melhor atenção e informação aos turistas estrangeiros (ao menos os do Mercosul).

[305] SOARES, Ardyllis Alves; GIORDANI, Lisiane Maria; KAKU, William Smith. O consumidor turista nas organizações internacionais no continente americano e na UNWTO. *Revista de Direito do Consumidor*, v. 97, p. 332, jan./-fev. 2015.

[306] CIPRIANO, Ana Cândida Muniz; SILVA, Julia Pereira da. Proteção e defesa do consumidor turista e visitante no Brasil. *Revista de Direito do Consumidor*, v. 102, p. 326, nov./-dez. 2015.

[307] Eleito pelos cidadãos dos Estados-membros.

o Conselho,[308] a Comissão,[309] o Tribunal de Justiça[310] e o Tribunal de Contas.[311-312]

A União Europeia apresenta relação muito próxima com o Mercosul, motivo pelo qual ela se transformou em uma de suas principais influenciadoras. Mercosul e União Europeia possuem parceria que vai muito além dos aspectos econômicos. Há um objetivo de integração no tocante a suas metas de construção de um mercado comum e do estabelecimento de cooperações regionais que se estendem também aos âmbitos sociais e políticos.[313]

Um exemplo icônico dessa influência ocorreu no dia 25 de maio de 1992, com o acordo assinado entre os dois blocos econômicos, firmado entre a Comissão do Comércio do Mercosul e a Comissão das Comunidades Europeias, cujo objetivo foi o estreitamento da cooperação entre eles, com a transferência das experiências e do *know-how* europeu em matéria de integração. O acordo incluiu a troca de informações, a formação de pessoal, a assistência técnica e o apoio institucional administrativo, entre uma série de outras interações.[314]

Nos primórdios da formação da União Europeia, a preocupação com a proteção dos consumidores não foi tratada com muito destaque, não era uma questão prioritária.[315] Com o tempo, esse tema ganhou a atenção do bloco, que passou a elaborar diretivas e regulamentações que foram de extrema importância para o ordenamento interno de boa parte de seus Estados-membros, e até mesmo de fora (caso do Brasil).

308 Representado pelos governos dos Estados-membros.

309 Órgão executivo que detém o direito de iniciativa em matéria legislativa.

310 Garante o cumprimento e o respeito da legislação do bloco econômico.

311 Assegura o controle das contas.

312 Badaró, Rui Aurélio de Lacerda. *Direito do turismo: história e legislação no Brasil e no exterior.* São Paulo: Senac, 2003, p. 128-135.

313 Embora os blocos econômicos estejam em estágios de desenvolvimento distintos, o Mercosul se inspirou na União Europeia como base para seu modelo de integração, com adaptações compatíveis com sua realidade.

314 Fellous, Beyla Esther. *Proteção do consumidor no Mercosul e na União Europeia.* São Paulo: Revista dos Tribunais, 2003, p. 77-80.

315 Fellous, Beyla Esther. *Proteção do consumidor no Mercosul e na União Europeia.* São Paulo: Revista dos Tribunais, 2003, p. 99-100.

Há que se destacar a Diretiva nº 85/374, que adotou a responsabilização objetiva dos fornecedores pelos acidentes de consumo (pelo fato do produto[316]) que sejam decorrentes de suas atividades.

Foi afastada a análise da culpa, ou seja, basta a comprovação do dano ocorrido e do seu nexo de causalidade com o respectivo fornecedor que o direito à indenização se torna automático, o que possibilita aos consumidores maior facilidade na sua defesa, com a liberação do ônus da prova em relação à culpa do agente causador, reconhecidamente tarefa difícil para os vulneráveis.[317]

Um ponto fundamental para se levar em consideração na análise e proteção dos consumidores turistas é o fato de se perceber que o turista internacional pode se apresentar sob dois aspectos, o turista que viaja para países diferentes dentro do bloco econômico e o turista que é de fora e entra em um de seus Estados-membros. A normatização do bloco é ampla e abrangente, enquanto a legislação nacional atende às peculiaridades e especificidades de cada Estado-membro.

A grande circulação de pessoas, de fora ou de dentro do bloco, demanda cuidados em vários níveis e setores. As normas devem se preocupar em evitar que a experiência turística possa se tornar desagradável, diante da possibilidade da ocorrência de atos de xenofobia, discriminação, racismo e terrorismo.

No âmbito da proteção aos consumidores, a preocupação é assegurar a segurança, os seus interesses econômicos e os seus direitos à informação, educação e organização, com contribuições do bloco para fomentar a concorrência entre as empresas do setor turístico, para que assim se produza um ambiente propício para o desenvolvimento de todos os setores relacionados à atividade, elevando a cooperação entre os Estados-membros, com intercâmbio de boas práticas e regras de conduta perante os visitantes.[318]

[316] Produtos defeituosos, com problemas de uso e na segurança (não oferece a segurança que se esperava ou era assegurada).

[317] SANTANA, Héctor Valverde. Globalização econômica e a proteção do consumidor: o mundo entre crises e transformações. *Revista de Direito do Consumidor*, São Paulo: Revista dos Tribunais, v. 98, p. 158-160, mar./-abr. 2015.

[318] SOARES, Ardyllis Alves. A tutela internacional do consumidor turista. *Revista de Direito do Consumidor*, v. 82, p. 159-162, abr./-jun. 2012.

As experiências exitosas no Mercosul e na União Europeia formularam o entendimento de que o consumidor turista possui uma vulnerabilidade diferenciada, principalmente em território estrangeiro, com a necessidade de um aperfeiçoamento das informações prestadas a eles, assim como um acesso rápido aos canais de ajuda, com a facilitação na solução de seus problemas e litígios.

Uma consequência interessante desses esforços tem sido tentada pela *Asociación Americana de Derecho Internacional Privado* (Asadip), que tem como objetivos cooperar com instituições universais encarregadas da elaboração e desenvolvimento do direito internacional privado (Conferência da Haia, por exemplo), tal como a troca de experiências em todos os setores que envolvam o Direito internacional privado.

Os membros da Asadip buscam difundir seus trabalhos e promover seus estudos, pois realizam investigações exaustivas e relevantes sobre a proteção dos consumidores turistas no mercado moderno, de globalização, de descentralização dos lugares turísticos e do crescente turismo de massas. Pleiteiam que sejam realizados estudos mais aprofundados sobre o tema, com atuação da Conferência da Haia na elaboração de um instrumento mundial de proteção dos turistas, com a cooperação administrativa e o aproveitamento de convenções já existentes.

Com ações desse tipo, permite-se um diálogo moderno e importante entre os Estados interessados, os Estados em desenvolvimento, o setor turístico em geral, as organizações internacionais (tal qual a Organização Mundial do Turismo) e grupos de integração econômica (blocos econômicos), com o objetivo em comum de proteção aos consumidores turistas.[319]

3.3. Documentos e Diretrizes Internacionais de Destaque na Garantia dos Direitos dos Consumidores Turistas

O direito do turismo abrange diversos ramos do Direito e supera as divisões entre direito público e privado. Cada um desses ramos possui suas fontes específicas, o que demonstra a heterogeneidade do tema, bem

[319] MARQUES, Claudia Lima. Esforços para incluir o tema da proteção do turista na Agenda de Trabalho da Conferência de Haia e a proposta brasileira de "Convenção de Cooperação em Matéria de Proteção dos Visitantes e Turistas Estrangeiros". *Revista de Direito do Consumidor*, v. 90, p. 51-53, nov./-dez. 2013.

como a abrangência, importância e a responsabilidade que recai em seus agentes (atuantes no setor ou legisladores).

As fontes para compor as regras e proteções se apresentam de formas variadas. Podem ser escritas (constituições, leis, atos administrativos) ou não escritas (costumes, princípios gerais do direito), umas com maior força normativa e outras que servem para o preenchimento de lacunas ou para dar solução (direcionar) às interpretações ou conflitos de normas.[320]

A evolução das normas nacionais de proteção ao consumidor não justifica a ausência ou a desnecessidade de convenções internacionais sobre o tema, haja vista que o consumidor turista ver-se-á desprotegido e com o acesso ao judiciário restringido com o retorno ao seu país de origem, com dúvidas sobre a possibilidade de ajuizamento de ação e até mesmo sobre a norma que deverá ser aplicada.[321]

Não obstante a maioria das convenções internacionais sobre comércio no estrangeiro buscar excluir do seu foco as relações entre vendedores e consumidores, quando há a realização de consumo próprio, doméstico, familiar, ou seja, não profissional, *vide* a Convenção de Viena de 1980[322] (artigos 2 a 5),[323] esse cenário se altera cada vez mais.

As resoluções da ONU são as mais relevantes no que diz respeito à influência em legislações nacionais de seus países-membros. Destacam-se as Resoluções da Assembleia Geral das Nações Unidas nºs 39/248 e

[320] Badaró, Rui Aurélio de Lacerda. *Direito do turismo: história e legislação no Brasil e no exterior.* São Paulo: Senac, 2003, p. 98-99.

[321] Marques, Claudia Lima. A insuficiente proteção do consumidor nas normas de Direito Internacional Privado – Da necessidade de uma Convenção Interamericana (CIDIP) sobre a lei aplicável a alguns contratos e relações de consumo. *Revista dos Tribunais*, v. 788, p. 11-56, 2001. Disponível em: <http://www.egov.ufsc.br/portal/sites/default/files/anexos/33001-41354-1-PB.pdf>. Acesso em: 30 out. 2016.

[322] Um dos maiores marcos quanto à unificação de normas do comércio internacional, contudo, voltada apenas para relações entre comerciantes, excetuando-se os casos em que o fornecedor, antes ou no momento da venda, não saiba, não perceba, que a operação tem finalidade doméstica, de uso pessoal, conforme expresso no seu artigo 2º.

[323] Marques, Claudia Lima. A insuficiente proteção do consumidor nas normas de Direito Internacional Privado – Da necessidade de uma Convenção Interamericana (CIDIP) sobre a lei aplicável a alguns contratos e relações de consumo. *Revista dos Tribunais*, v. 788, p. 11-56, 2001. Disponível em: <http://www.egov.ufsc.br/portal/sites/default/files/anexos/33001-41354-1-PB.pdf>. Acesso em: 30 out. 2016.

58/232[324] e suas contribuições para a formulação de princípios jurídicos de proteção internacional ao consumidor, os quais passam por um processo de atualização constante, seja em congressos internacionais, seja em convenções promovidas pelo próprio ente.[325]

Deve-se considerar também a necessidade de focar as ações em países não desenvolvidos ou em desenvolvimento, com a possibilidade de aproveitar o poder econômico do turismo para fomentar ações de erradicação da pobreza e difusão da ideia de turismo sustentável, com o combate ao desgaste do meio ambiente.

São ações que precisam de incentivos iniciais e que podem gerar crescimento econômico e, ao mesmo tempo, garantir a continuidade da atividade e preservar o meio ambiente, com a consequente atração de mais turistas, injeção de mais dinheiro na economia do país, maior consumo e o aumento da urgência de formulação de normas e regras que protejam os turistas consumidores.[326]

Para que tudo isso seja possível, se busca a proteção *ex ante* dos turistas internacionais, ou seja, instigar a preocupação com o consumidor turista, garantir seu acesso às autoridades locais, tanto no âmbito administrativo quanto judicial, com a finalidade de se evitar discriminações e o aumento da disparidade, da vulnerabilidade e dos danos de consumo.

Já surgem propostas para a proteção dos turistas estrangeiros, inclusive perante os países da Conferência da Haia. A cooperação internacional foi tema incluído na agenda do organismo internacional. Objetiva reconhecer a necessidade de se estabelecer uma rede mundial de organismos e autoridades encarregados de fazer cumprir os direitos dos consumidores, conforme as Diretrizes das Nações Unidas para Proteção ao Consumidor, de 1985, e no Código de Ética Mundial para o Turismo.[327]

324 SOARES, Ardyllis Alves. A tutela internacional do consumidor turista. *Revista de Direito do Consumidor*, v. 82, p. 135-139, abr./-jun. 2012.

325 SANTANA, Héctor Valverde. Globalização econômica e a proteção do consumidor: o mundo entre crises e transformações. *Revista de Direito do Consumidor*, São Paulo: Revista dos Tribunais, v. 98, p. 144, mar./-abr. 2015.

326 SOARES, Ardyllis Alves. A tutela internacional do consumidor turista. *Revista de Direito do Consumidor*, v. 82, p. 135-139, abr./-jun. 2012.

327 MARQUES, Claudia Lima. Esforços para incluir o tema da proteção do turista na Agenda de Trabalho da Conferência de Haia e a proposta brasileira de "Convenção de Coo-

Atualmente existem quatro modelos de proteção ao turista no Direito internacional privado, o estabelecimento de regras especiais uniformes e materiais para contratos de interesse do setor,[328] a criação de regras de conflitos de leis especiais para a proteção dos consumidores,[329] mesmo sem menção específica aos turistas nas legislações regionais, a formação de canais de cooperação administrativa de conciliação rápida,[330] e a garantia de acesso privilegiado ao Tribunal de seu domicílio.[331]

Entre esses modelos, o mais adequado, em um primeiro momento, é priorizar os novos métodos de cooperação, sejam eles judiciais ou administrativos, oportunizando-se, inclusive, o desenvolvimento de métodos que contribuam para dar soluções alternativas às controvérsias (conciliação, por exemplo), com fluidez e rapidez condizentes com o caráter de urgência, velocidade e tempo escasso da estadia do turista.[332]

3.3.1. O Código Global de Ética para o Turismo

Durante assembleia anual, realizada na cidade de Santiago do Chile no ano de 1999, a Organização Mundial do Turismo elaborou o Código Global de Ética para o Turismo. Consiste em uma síntese de vários outros documentos e regulamentos elaborados e publicados por essa mesma organização, tais como a Declaração de Manila sobre Turismo Internacional (1980), a Carta de Direitos do Turismo e Código do Turista (1985) e a Declaração da Haia sobre o Turismo (1989),[333] além

peração em Matéria de Proteção dos Visitantes e Turistas Estrangeiros". *Revista de Direito do Consumidor*, v. 90, p. 43-53, nov./-dez. 2013.

[328] Conforme, por exemplo, a Convenção sobre Contratos de Viagens Turísticas da Unidroit de 1970 e as convenções de transportes aéreos.

[329] Por exemplo, o Regulamento Roma I da União Europeia.

[330] Como ocorre no Acordo sobre Consumidores Visitantes do Mercosul, com a indicação de órgãos administrativos judiciais que auxiliam na realização de conciliações rápidas – Brasil e os juizados especiais, inclusive com representações nos aeroportos.

[331] Mesmo quando o turista é autor da demanda em litígios transfronteiriços.

[332] MARQUES, Claudia Lima. Esforços para incluir o tema da proteção do turista na Agenda de Trabalho da Conferência de Haia e a proposta brasileira de "Convenção de Cooperação em Matéria de Proteção dos Visitantes e Turistas Estrangeiros". *Revista de Direito do Consumidor*, v. 90, p. 43-53, nov./-dez. 2013.

[333] SOARES, Ardyllis Alves. A tutela internacional do consumidor turista. *Revista de Direito do Consumidor*, v. 82, p. 141, abr./-jun. 2012.

da Convenção de Varsóvia (1929), sobre transporte aéreo, da Declaração Universal dos Direitos Humanos (1948), do Pacto Internacional dos Direitos Econômicos, Sociais e Culturais (1966), do Pacto Internacional dos Direitos Civis e Públicos (1966), da Convenção para a Proteção do Patrimônio Mundial, Cultural e Natural (1972), entre inúmeros outros.[334]

Sob a forma de princípios, o Código busca ser uma referência para todos os agentes envolvidos com a atividade turística. Seus artigos estabelecem que o turismo deve contribuir para o entendimento e respeito mútuo entre povos e sociedades, promovendo a compreensão dos valores éticos.

O Código Global de Ética para o Turismo classifica o turismo como instrumento para a satisfação pessoal e coletiva que, ao mesmo tempo, deve funcionar como um fator de desenvolvimento sustentável. Para tanto, o turismo utilizar-se-á do patrimônio cultural da humanidade, colaborando para seu aprimoramento. Deve gerar benefícios para as comunidades e países receptores e implica obrigações para todos os atores que, porventura, interajam no setor.[335] Consiste em um instrumento que incentiva o aperfeiçoamento e a profissionalização do setor, diante de novos e complexos contextos que o cenário moderno apresenta. Define padrões éticos de comportamento e estabelece referências claras e precisas para atuação de seus agentes.

O turismo é direito de todos, classificando-se como direito fundamental de trabalhadores e empreendedores. Significa a liberdade de ir e vir, de locomoção, liberdade de movimentos, razão pela qual todos os agentes, públicos ou privados, devem se engajar em implementar as regulamentações previstas no Código de Ética para o Turismo.

De forma mais descritiva e específica, o Código tem como objetivo promover os valores éticos comuns a toda a humanidade e dar destaque aos benefícios da diversidade e da não padronização. Pretende assegurar que o desenvolvimento da atividade se faça de modo responsável, com o correto respeito às leis, ao meio ambiente e às culturas das comunida-

[334] BADARÓ, Rui Aurélio de Lacerda. *Direito do turismo: história e legislação no Brasil e no exterior.* São Paulo: Senac, 2003, p. 113-114.

[335] ARAUJO, Cíntia Möller. *Ética e qualidade no turismo do Brasil.* São Paulo: Atlas, 2003, p. 105-106.

des receptoras. Condena o turismo voltado às práticas ilícitas (tráfico de drogas e o turismo sexual, por exemplo), as quais vão em sentido oposto aos fundamentos da atividade.

O referido Código ainda determina a necessidade de as autoridades públicas proporcionarem adequada proteção aos turistas, com ênfase aos profissionais da área, no desempenho de suas funções (dever de prestar informações honestas, confiáveis e precisas aos consumidores turistas). A transparência deve ser obrigatória nas relações de consumo.[336]

As questões tratadas no Código são atuais e necessárias para que o turismo seja realizado e gozado da melhor forma. Ao se autorizar a exploração do turismo para obter lucros[337] e proporcionar experiências de lazer, surge a responsabilidade de assegurar a preservação dos patrimônios naturais (proteção à biodiversidade e equilíbrio do ecossistema) e culturais (preservar o direito das gerações futuras de usufruí-los).

Por mais que o Código seja apenas uma espécie de guia, que não possui a força de uma norma, nem suas consequências, trata-se de documento importante para estimular práticas éticas. Alguns países, casos da Alemanha, Japão e Canadá, já dispõem de seus próprios códigos de ética de turismo, e, no caso do Japão, há a previsão da responsabilização imediata das agências de turismo e viagens que não disponibilizem os serviços por elas divulgados, quaisquer que sejam.[338]

3.3.2. Declaração de Sófia

Entre os dias 26 e 30 de agosto de 2012 a *International Law Association* (ILA) promoveu o 75º Congresso de Direito Internacional, que, na ocasião, fora situado na cidade de Sófia, na Bulgária. Levando em consideração a precária condição da tutela internacional dos direitos do

[336] ARAUJO, Cíntia Möller. *Ética e qualidade no turismo do Brasil.* São Paulo: Atlas, 2003, p. 106.

[337] Com a atividade e os lucros surge o dever de assegurar todos os direitos dos trabalhadores do setor, assalariados ou profissionais liberais, com acesso à rede de proteção social, treinamento adequado, sem se esquecer das especificidades que envolvem os trabalhadores sazonais, bem como dos empreendedores e do seu direito de prosperar, desde que dentro dos limites estabelecidos pelo princípio do desenvolvimento sustentável.

[338] ARAUJO, Cíntia Möller. *Ética e qualidade no turismo do Brasil.* São Paulo: Atlas, 2003, p. 105-108.

consumidor, e após quatro anos de estudos do Comitê de Proteção Internacional dos Consumidores,[339] presidido pela professora Claudia Lima Marques,[340] a Assembleia Geral da entidade aprovou a Resolução nº 04/2012, sua primeira manifestação desde 1873 sobre direitos do consumidor.

A Resolução nº 04/2012 confirmou a urgência e necessidade de se proteger e desenvolver melhores mecanismos de tutela aos consumidores em âmbito internacional, caso característico dos turistas em país estrangeiro, reconhecendo-os como parte mais fraca, vulnerável, nas relações de consumo em geral, especialmente diante de contratos elaborados com muita sofisticação, exigindo a qualidade e segurança dos produtos e serviços ofertados por profissionais e empresários dos mercados regionais, nacionais e internacionais.

Diante da crise financeira global, que representa uma oportunidade de elevar a proteção aos consumidores, tanto em dimensões internacionais quanto nacionais, a Resolução reconheceu o papel do direito internacional e sua importância para contribuir com o desenvolvimento de padrões mais equilibrados, equânimes, de proteção aos consumidores, os quais devem ser levados em consideração perante o comércio internacional.[341]

Foram cinco os princípios básicos aprovados, como pilares da proteção internacional aos consumidores, voltados à orientação de toda a comunidade internacional, a saber, os princípios da vulnerabilidade, da proteção mais favorável ao consumidor, da justiça contratual, do crédito responsável e da participação dos grupos e associações de consumidores.

O princípio da vulnerabilidade possui o mesmo sentido do adotado no Brasil, o de que os consumidores são vulneráveis em relação aos contratos de massa e padronizados, principalmente no que diz respeito às

339 Composto por juristas de 14 países. Destaque para os professores Diego Fernández Arroyo (Faculdade Science-Politique de Paris, França) e Wei Dan (Universidade de Macau, China).

340 Professora da Universidade Federal do Rio Grande do Sul e diretora do Brasilcon.

341 Marques, Claudia Lima; Santana, Héctor Valverde. *Notícia sobre a Declaração de Sófia de princípios internacionais de proteção do consumidor.* Disponível em: <https://sociedip.files.wordpress.com/2013/12/lima-marques-y-valverde-santana-consumidor.pdf>. Acesso em: 13 out. 2016.

informações neles contidas e no poder (condições) de negociação com os fornecedores.

A proteção mais favorável ao consumidor pretende equilibrar a situação de vulnerabilidade com a criação de regras que coloquem no mesmo patamar de negociação, nas mesmas condições, consumidores e fornecedores (ou, ao menos, próximo a isso). Não se trata de uma busca por formas de atribuir vantagens aos consumidores, mas, sim, de reequilibrar a relação de consumo.

Já o princípio da justiça contratual visa determinar que as regras e regulamentos dos contratos devem ser efetivos e assegurar a transparência e a justiça do contrato (equilíbrio e equidade), ou seja, não é aceito que se façam previsões ou imposições irreais, cláusulas exorbitantes e abusivas ou obrigações que extrapolem o razoável, por exemplo.

O princípio do crédito responsável estende a responsabilidade a todos os envolvidos no fornecimento de crédito aos consumidores, sejam eles fornecedores, consultores, corretores ou agentes. É determinação para preservar a condição financeira dos consumidores, objetivando evitar o seu endividamento, o comprometimento de suas finanças, o que torna o mercado mais saudável, em um sentido macro.

O quinto e último princípio determina a participação ativa, presente e efetiva dos grupos e associações de consumidores quando da elaboração e regulação da proteção aos consumidores, autorizando-os a atuar como fiscais, com o objetivo de evitar aberrações normativas e assegurar a correta aplicação do Direito. Significa atribuir a todos a responsabilidade de resguardar e proteger os direitos dos consumidores.[342]

Todas essas diretrizes ainda não são suficientes para se assegurar a efetiva tutela mundial dos consumidores, no entanto, dão-se mostras que se evolui cada vez mais rumo a esse objetivo, com incentivos e orientações para que os ordenamentos jurídicos nacionais de toda a comunidade internacional incorporem esses requisitos mínimos de proteção aos consumidores, o que resguarda, indiretamente, os turistas estrangeiros.

[342] SANTANA, Héctor Valverde. Globalização econômica e a proteção do consumidor: o mundo entre crises e transformações. *Revista de Direito do Consumidor*, São Paulo: Revista dos Tribunais, v. 98, p. 145, mar./-abr. 2015.

3.3.3. Resolução nº 39/248 da ONU

A Resolução nº 39/248 da Organização das Nações Unidas, de 10 de abril de 1985, é reconhecida como o documento mais importante da proteção internacional ao consumidor.[343] Foi responsável por traçar os parâmetros com base nos quais os Estados-membros devem facilitar, ou efetivar, a defesa do consumidor no seu ordenamento jurídico interno, com a criação ou aperfeiçoamento de normas e princípios gerais para resolução de questões pontuais da defesa dos consumidores que mereçam maior profundidade e atenção.[344]

As normas de proteção internacional aos consumidores são elaboradas a partir de temas de grande relevância, por exemplo, a segurança física do consumidor, a proteção de seus interesses econômicos, a adoção de padrões mínimos de segurança, de qualidade dos produtos e serviços disponibilizados no mercado, as formas de reparação de danos e a informação e educação para o consumo.[345]

Foram definidos objetivos para as normas de proteção ao consumidor, entre eles o auxílio a países para que se possa atingir (ou manter) uma produção adequada de bens e serviços aos seus consumidores, a oferta de padrões de produção e distribuição que satisfaçam às necessidades do mercado, o incentivo a uma conduta ética por parte dos fornecedores, com auxílio no combate às práticas comerciais abusivas, inclusive mediante a promoção da cooperação internacional no que diz respeito à proteção dos direitos dos consumidores.[346]

Há ainda o incentivo ao desenvolvimento de grupos independentes e à criação de estratégias que oportunizem aos consumidores condições de mercado que lhes ofereça maiores possibilidades (maior liberdade) de decisão e escolha, com concorrência entre fornecedores e, por consequência, preços mais baixos.

[343] SANTANA, Héctor Valverde. Proteção internacional do consumidor: necessidade de harmonização da legislação. *Revista de Direito Internacional*, v. 11, nº 1, p. 57, 2014.

[344] SOARES, Ardyllis Alves. A tutela internacional do consumidor turista. *Revista de Direito do Consumidor*, v. 82, p. 136-137, abr./-jun. 2012.

[345] SANTANA, Héctor Valverde. Proteção internacional do consumidor: necessidade de harmonização da legislação. *Revista de Direito Internacional*, v. 11, nº 1, p. 58, 2014.

[346] SOARES, Ardyllis Alves. A tutela internacional do consumidor turista. *Revista de Direito do Consumidor*, v. 82, p. 136-137, abr./-jun. 2012.

A pluralidade de fornecedores e ofertas, as quais acarretam a variação dos preços, a possibilidade de pesquisa e comparação e a escolha da aquisição que melhor atenda às expectativas e necessidades dos consumidores, dentro de seus padrões financeiros, obriga o mercado a manter um padrão mínimo de qualidade e segurança em suas mercadorias, pois, do contrário, um fornecedor será superado pelo seu concorrente e, no futuro, perderá espaço no mercado e sucumbirá.[347]

São objetivos que se tornam basilares à proteção internacional dos consumidores. Determinam padrões de produção, distribuição e qualidade a serem seguidos, ou até superados, trazem benefícios aos consumidores e atendem as suas necessidades gerais e pontuais. Os padrões definidos não ficam adstritos a uma territorialidade específica, o que gera uma uniformidade mínima de proteção nas relações de consumo nos mais variados países, com impactos positivos a muitos consumidores.

A exigência de uma conduta ética traz maior segurança ao consumo. Com o estímulo à boa-fé do mercado, o que possibilita uma negociação mais leal e justa, com menos disparidade, a ponto de superar algumas dificuldades ocasionadas por diferenças de idioma e de cultura, melhora-se também a experiência turística.[348]

O Capítulo II da Resolução nº 39/248 da ONU apresenta os princípios gerais da proteção internacional do consumidor. É recomendada a todos os governos a elaboração e manutenção de uma política protetiva interna firme do consumidor. Cada país deve observar suas prioridades para a proteção aos consumidores, mediante a análise das condições econômicas e sociais de seus cidadãos e os custos e benefícios que suas políticas e normas possam gerar.

A meta dessa medida é suprir as necessidades existentes no tocante à proteção dos consumidores quanto a prejuízos à sua saúde, fomentar e proteger seus interesses econômicos, fornecer-lhes informações ade-

[347] Soares, Ardyllis Alves. A tutela internacional do consumidor turista. *Revista de Direito do Consumidor*, v. 82, p. 136-137, abr./-jun. 2012.

[348] Soares, Ardyllis Alves. A tutela internacional do consumidor turista. *Revista de Direito do Consumidor*, v. 82, p. 136-138, abr./-jun. 2012.

quadas, educá-los e criar possibilidades reais de ressarcimento em caso de dano.[349]

A Resolução nº 39/248 da ONU foi importantíssima para o início da efetivação da tutela internacional dos consumidores, e a cooperação entre os governos e entes internacionais é instrumento jurídico fundamental para que esse objetivo seja atingido. Com o diálogo de cortes, entes e órgãos administrativos de países distintos, permite-se a resolução de problemas e danos de consumo de forma mais rápida e dinâmica, seja no país de origem ou no visitado, fomentando a indústria turística[350] e os mercados internos.[351]

Sofreu atualizações, com destaque à Resolução nº 1999/7, de 26 de julho de 1999, do Conselho Econômico e Social da ONU, que incluiu disposições referentes ao consumo sustentável da atual e das futuras gerações quanto aos aspectos econômicos, ambientais e sociais.[352]

As diretrizes de proteção aos consumidores estabelecidas na Resolução nº 39/248 da ONU foram temas de discussões e debates em congressos, seminários, rodas de debates e em reuniões de entes internacionais. A pretensão é a realização de outras atualizações, com o enquadramento de seus preceitos no modelo de mercado moderno, com o acréscimo de outras importantes e pertinentes proteções, inclusive, com destaque ao comércio eletrônico e à proteção dos turistas.

Foi criado um grupo de autoridades de defesa dos consumidores no âmbito das Nações Unidas. O grupo tem como objetivo discutir temas estratégicos para a melhoria das relações de consumo e ficou encarregado de implementar novas diretrizes para a proteção internacional aos consumidores.[353]

[349] SANTANA, Héctor Valverde. Proteção internacional do consumidor: necessidade de harmonização da legislação. *Revista de Direito Internacional*, v. 11, nº 1, p. 57, 2014.

[350] Seja em países tradicionais ou mais desconhecidos, com carga turística menor.

[351] SOARES, Ardyllis Alves. A tutela internacional do consumidor turista. *Revista de Direito do Consumidor*, v. 82, p. 136-138, abr./-jun. 2012.

[352] SANTANA, Héctor Valverde. Proteção internacional do consumidor: necessidade de harmonização da legislação. *Revista de Direito Internacional*, v. 11, nº 1, p. 58, 2014.

[353] Consulto Jurídico. *Com participação do Brasil, ONU aprova novas diretrizes para relações de consumo*. São Paulo, 24 dez. 2015. Disponível em: <http://www.conjur.com.br/2015-dez-24/onu-aprova-novas-diretrizes-melhorar-relacoes-consumo>. Acesso em: 16 abr. 2017.

Depois de quase dois anos de pesquisas e estudos a Assembleia Geral das Nações Unidas, em 22 de dezembro de 2015, aprovou novas diretrizes para a proteção dos consumidores, atualizando as estabelecidas na Resolução nº 39/248. Com a participação direta do Brasil nesse processo (por meio da Secretaria Nacional do Consumidor do Ministério da Justiça), como coordenador, em conjunto com a Alemanha, em um de seus grupos de trabalho.[354]

Entre essas novas diretrizes estão preocupações voltadas às proteções dos consumidores em relação aos dados pessoais, energia elétrica, serviços públicos e ao turismo. Trata-se de importante marco na proteção internacional dos consumidores, pois, pela primeira vez, o incentivo por parte dos governos às boas práticas do mercado foi reconhecido como diretriz, e houve a inclusão da melhoria dos serviços públicos como tema relevante à proteção dos direitos dos consumidores.[355]

A Resolução nº 39/248 da ONU foi atualizada, sendo inseridos termos de atividades ligadas ao mercado moderno, em especial relacionadas ao comércio eletrônico. Foi estabelecida a prestação de informações claras e suficientes para que os consumidores possam entrar em contato com os fornecedores[356] e entender os contratos aos quais estão anuindo.[357] Assegura-se, ainda, a proteção à privacidade do consumidor e de seus dados pessoais, assim como garantias de formas seguras de pagamento e de resolução[358] de litígios.[359]

[354] Portal Brasil. *ONU aprova novas diretrizes para proteção a consumidores.* Brasília, 23 dez. 2015. Disponível em: <http://www.brasil.gov.br/cidadania-e-justica/2015/12/onu-aprova--novas-diretrizes-para-protecao-a-consumidores>. Acesso em: 16 abr. 2017.

[355] Consulto Jurídico. *Com participação do Brasil, ONU aprova novas diretrizes para relações de consumo.* São Paulo, 24 dez. 2015. Disponível em: <http://www.conjur.com.br/2015-dez-24/onu-aprova-novas-diretrizes-melhorar-relacoes-consumo>. Acesso em: 16 abr. 2017.

[356] Devem ser prestadas informações sobre os fornecedores, tais como endereço, razão social, nome fantasia, telefone, *website, e-mail,* e todas as demais formas de contato.

[357] Cláusulas claras, não abusivas e de fácil compreensão, com transparência, principalmente, em relação aos termos e condições de cancelamento, reembolso e de confirmação de aquisição do produto ou serviços contratados.

[358] Garantir formas justas, rápidas e viáveis para a resolução de problemas e danos de consumo, bem como sua consequente reparação ou compensação (indenização).

[359] Organização das Nações Unidas – ONU. *United Nations Guidelines for Consumer Protection.* Disponível em: <http://unctad.org/en/PublicationsLibrary/ditccplpmisc2016d1_en.pdf>. Acesso em: 16 abr. 2017.

3.3.4. A Proposta do Governo Brasileiro à Conferência da Haia

A exemplo do Projeto Piloto de Atendimento ao Consumidor Turista no Mercosul, o Brasil também apresentou proposta de convenção internacional para a proteção ao consumidor turista e visitante na Conferência da Haia de Direito Internacional Privado, organização intergovernamental, da qual participam mais de 120 países, representando todos os continentes.

As convenções aprovadas pela Conferência foram importantes instrumentos jurídicos multilaterais. Não ficam adstritas a atender às necessidades jurídicas de seus países-membros, pois, devido à sua notória referência jurídica, contribuem para a evolução e aperfeiçoamento dos mais variados temas jurídicos no mundo todo.[360]

A proposta brasileira foi elaborada pela Secretaria Nacional do Consumidor do Ministério da Justiça (Senacon), baseada em estudos da Associação Americana de Direito Internacional Privado,[361] e prevê a cooperação entre os países envolvidos, com assistência mútua, troca de informações e ações articuladas para a proteção aos consumidores turistas ou visitantes.[362]

A proposta foi apresentada na reunião do Conselho da Conferência da Haia de Direito Internacional Privado, ocorrida em abril de 2014, e se tornou objeto de amplo debate. Contou com o apoio oficial de países como Argentina, Chile, Equador, México, Paraguai, Peru, China e Portugal.[363] O Brasil e esse grupo de países trabalham em conjunto para aprimorar e aprofundar o diálogo e o debate da proposta.

Em 26 de março de 2015, foi apresentada uma versão atualizada da proposta. O Conselho da Conferência da Haia de Direito Internacional Privado aceitou a inclusão do tema na agenda de trabalho (o que pode lhe transformar em um instrumento de *soft law*) e determinou como

[360] Cipriano, Ana Cândida Muniz; Silva, Julia Pereira da. Proteção e defesa do consumidor turista e visitante no Brasil. *Revista de Direito do Consumidor*, v. 102, p. 327, nov./-dez. 2015.

[361] Coordenado pela professora Claudia Lima Marques.

[362] Cipriano, Ana Cândida Muniz; Silva, Julia Pereira da. Proteção e defesa do consumidor turista e visitante no Brasil. *Revista de Direito do Consumidor*, v. 102, p. 327, nov./-dez. 2015.

[363] Além dos apoios da *Consumers Internacional*, Londres, do Idec, Brasilcon e outros mais.

prioritária a realização de estudos sobre a sua viabilidade e oportunidade no momento atual.[364]

O objetivo da proposta é melhorar a proteção aos consumidores estrangeiros, com o aproveitamento dos sistemas de proteção já estabelecidos por todos os Estados signatários, com inspiração no que já é realizado na União Europeia e no Mercosul, evitando litígios transfronteiriços custosos e ineficientes, a partir de uma ação mais imediata, e não apenas aguardar por uma razoável solução, quando possível, *a posteriori*.

A proposta busca conscientizar os Estados de que o turista estrangeiro necessita de informações e ajudas especiais, em língua estrangeira, sobre questões jurídicas e de direitos do consumidor no país visitado. Combate à discriminação aos consumidores turistas e permite que estes tenham maior acesso à Justiça e à assistência administrativa, tanto no país de origem como no de destino (facilita o acesso internacional à Justiça). Pretende, com isso, tutelar os direitos privados desses indivíduos.[365]

A Conferência da Haia conta com grande *expertise* em construir redes globais organizadas por autoridades centrais. A proposta brasileira pretende aproveitar essa ferramenta para a formação de redes globais organizadas que possibilitem o acesso à Justiça e ao sistema de proteção ao consumidor no país visitado.[366]

A constituição de autoridades centrais com a função de organizar essas redes globais auxiliaria no compartilhamento de informações, na assistência mútua e no desenvolvimento de instrumentos que contribuam para que os consumidores turistas tenham melhor compreensão de seus direitos e, ao mesmo tempo, possam prestar queixas e reclama-

[364] CIPRIANO, Ana Cândida Muniz; SILVA, Julia Pereira da. Proteção e defesa do consumidor turista e visitante no Brasil. *Revista de Direito do Consumidor*, v. 102, p. 327-328, nov./-dez. 2015.

[365] MARQUES, Claudia Lima. Esforços para incluir o tema da proteção do turista na Agenda de Trabalho da Conferência de Haia e a proposta brasileira de "Convenção de Cooperação em Matéria de Proteção dos Visitantes e Turistas Estrangeiros". *Revista de Direito do Consumidor*, v. 90, p. 53, nov./-dez. 2013.

[366] MARQUES, Claudia Lima. Esforços para incluir o tema da proteção do turista na Agenda de Trabalho da Conferência de Haia e a proposta brasileira de "Convenção de Cooperação em Matéria de Proteção dos Visitantes e Turistas Estrangeiros". *Revista de Direito do Consumidor*, v. 90, p. 55, nov./-dez. 2013.

ções mais adequadas e precisas, o que favorece a resolução do conflito, tanto com medidas posteriores quanto com ações preventivas para consumidores futuros.[367]

Cada Estado signatário deve indicar uma autoridade central para organizar os esforços de cooperação. A autoridade central do Estado recebedor (visitado) proverá aconselhamento, informação e assistência para os turistas, por meio de canais de mediação e de aplicação dos direitos do consumidor e dos tribunais de pequenas causas disponíveis no país.

A autoridade central no país da residência habitual do turista poderá ser acionada para prover assistência e aconselhamento ao turista ou a outras autoridades centrais, auxiliando-os na coleta de provas e documentos, ou seja, nos procedimentos a distância, facilitando o cumprimento das demandas que por ventura sejam necessárias, inclusive aquelas requeridas aos fornecedores.

As autoridades centrais de ambos os países poderão, portanto, compartilhar dados, provas e documentos, desde que sejam exclusivamente relacionados aos turistas envolvidos em um dano de consumo no estrangeiro. A participação de sistemas privados de conciliação, arbitragem e mediação são de responsabilidade de cada Estado signatário, e a Convenção não afeta qualquer lei local que regule ou proíba a arbitragem privada em matéria de direitos de consumo.[368]

A cooperação entre as autoridades centrais[369] e autoridades competentes,[370] encarregadas de estudar e aplicar estratégias para garantir a

[367] Marques, Claudia Lima. Esforços para incluir o tema da proteção do turista na Agenda de Trabalho da Conferência de Haia e a proposta brasileira de "Convenção de Cooperação em Matéria de Proteção dos Visitantes e Turistas Estrangeiros". *Revista de Direito do Consumidor*, v. 90, p. 53-55, nov./-dez. 2013.

[368] Marques, Claudia Lima. Esforços para incluir o tema da proteção do turista na Agenda de Trabalho da Conferência de Haia e a proposta brasileira de "Convenção de Cooperação em Matéria de Proteção dos Visitantes e Turistas Estrangeiros". *Revista de Direito do Consumidor*, v. 90, p. 60, nov./-dez. 2013.

[369] Autoridade oficial, pública ou uma *liaison office*, em cada Estado signatário. É designada como a autoridade responsável pela coordenação da aplicação da Convenção.

[370] Autoridade administrativa ou judicial competente que presta assistência ao turista ou a uma outra autoridade, como resultado da cooperação estabelecida pela Convenção. A autoridade competente pode ser também aquela em relação a qual o turista peticiona, provoca, para que seus direitos sejam respeitados.

prestação de melhores instruções e informações, com a entrega de modelos de formulários de reclamações em vários idiomas, por exemplo, possibilita uma melhor assistência e contribui para a resolução dos problemas enfrentados pelos consumidores estrangeiros.[371]

O Estado recebedor, onde ocorrer o descumprimento de direitos do consumidor, deve considerar o turista como um consumidor, sem qualquer discriminação em decorrência do seu domicílio, residência ou nacionalidade, colocando à disposição seu sistema administrativo e judicial para buscar a solução do problema.

Todos os Estados recebedores possuem a obrigação de agir, dentro do possível, no sentido de informar e aconselhar os turistas (direta ou indiretamente) sobre seus direitos e os procedimentos necessários para ingressar com medidas legais. Caberá a eles indicar as autoridades competentes na região, bem como a quem endereçar reclamações ou queixas, e colocar os turistas em contato com as autoridades de execução que sejam voltadas à proteção aos consumidores.

São também obrigações dos Estados recebedores os registros das queixas e reclamações, mantendo-os arquivados por pelo menos cinco anos, e a cooperação com as autoridades centrais designadas como responsáveis pela aplicação das leis que protegem os interesses dos consumidores de outros Estados signatários.[372]

O Estado de origem dos turistas, por sua vez, deve prover aos Estados recebedores informações mútuas sobre os direitos dos consumidores e dos turistas, a identificação dos canais para obterem informações e assistência em outro idioma, a identificação de uma autoridade central encarregada de prestar auxílio aos turistas em dificuldades. Com esforços em conjunto, deve preparar materiais escritos e instruir as

[371] MARQUES, Claudia Lima. Esforços para incluir o tema da proteção do turista na Agenda de Trabalho da Conferência de Haia e a proposta brasileira de "Convenção de Cooperação em Matéria de Proteção dos Visitantes e Turistas Estrangeiros". *Revista de Direito do Consumidor*, v. 90, p. 53-55, nov./-dez. 2013.

[372] MARQUES, Claudia Lima. Esforços para incluir o tema da proteção do turista na Agenda de Trabalho da Conferência de Haia e a proposta brasileira de "Convenção de Cooperação em Matéria de Proteção dos Visitantes e Turistas Estrangeiros". *Revista de Direito do Consumidor*, v. 90, p. 60-61, nov./-dez. 2013.

autoridades competentes e centrais de outros países sobre seu regime legal.[373]

A Convenção se preocupou também com os turistas que vivenciem situações de emergência em país estrangeiro. Estabelece tratamento preferencial a algumas categorias de viajantes, turistas ou consumidores,[374] independentemente de sua nacionalidade, domicílio ou residência habitual, diante de casos de acidentes de viagem, acidentes climáticos, acidentes nucleares e demais catástrofes as quais estejam sujeitos.[375]

Sem prejuízo da proteção e dos direitos estabelecidos na Convenção da Haia de Acesso Internacional à Justiça (celebrada em 25 de outubro de 1982) e de outros tratados mais favoráveis à cooperação e acesso à justiça, cidadãos de qualquer dos países signatários terão direito à assistência legal para procedimentos judiciais do país signatário onde venha enfrentar problemas ou sofrer danos, desde que nas esferas cível ou comercial. A assistência será prestada nas mesmas condições que as dos nacionais do Estado recebedor.[376]

Com essas medidas, se incrementa o acesso dos turistas estrangeiros à Justiça e se capacita e se qualifica a atuação das autoridades, resultado dos seus estudos, das estratégias traçadas, da troca de informações e da integração entre as autoridades centrais e competentes dos Estados signatários, com a ampliação da proteção aos consumidores turistas e a melhora na prestação de auxílio legal e administrativo.

[373] MARQUES, Claudia Lima. Esforços para incluir o tema da proteção do turista na Agenda de Trabalho da Conferência de Haia e a proposta brasileira de "Convenção de Cooperação em Matéria de Proteção dos Visitantes e Turistas Estrangeiros". *Revista de Direito do Consumidor*, v. 90, p. 61-62, nov./-dez. 2013.

[374] Não é afetada, contudo, a aplicabilidade de lei do Estado visitado ou de Acordo internacional que estabeleça medidas especiais no caso destas situações excepcionais.

[375] MARQUES, Claudia Lima. Esforços para incluir o tema da proteção do turista na Agenda de Trabalho da Conferência de Haia e a proposta brasileira de "Convenção de Cooperação em Matéria de Proteção dos Visitantes e Turistas Estrangeiros". *Revista de Direito do Consumidor*, v. 90, p. 59, nov./-dez. 2013.

[376] MARQUES, Claudia Lima. Esforços para incluir o tema da proteção do turista na Agenda de Trabalho da Conferência de Haia e a proposta brasileira de "Convenção de Cooperação em Matéria de Proteção dos Visitantes e Turistas Estrangeiros". *Revista de Direito do Consumidor*, v. 90, p. 62, nov./-dez. 2013.

O turista passa a ter maior segurança para consumir, maior compreensão sobre os produtos e serviços ofertados pelo mercado, bem como maior consciência sobre seus direitos e formas de exigi-los perante os fornecedores, de modo litigioso ou não. Contribui-se, portanto, para o fomento, ampliação e fortalecimento da indústria do turismo e para o desenvolvimento econômico dos Estados signatários, com benefícios para consumidores e fornecedores, para estrangeiros e nacionais.[377]

[377] MARQUES, Claudia Lima. Esforços para incluir o tema da proteção do turista na Agenda de Trabalho da Conferência de Haia e a proposta brasileira de "Convenção de Cooperação em Matéria de Proteção dos Visitantes e Turistas Estrangeiros". *Revista de Direito do Consumidor*, v. 90, p. 53-57, nov./-dez. 2013.

Capítulo 4
A Possibilidade de Equiparação do Consumidor Turista Estrangeiro aos Hipervulneráveis

Todos os consumidores estão sujeitos a sofrer danos ou prejuízos econômicos em decorrência de condutas praticadas pelo mercado de consumo. Não se quer com isso afirmar que o fornecedor sempre agirá com má-fé ou buscando obter vantagens indevidas, mas, sim, que deve haver mecanismos efetivos para se assegurar a reparação desses danos e até mesmo inibir a prática de condutas abusivas, enganosas ou ilícitas.

Os consumidores são vulneráveis, pois se encontram em posição de desvantagem em relação aos fornecedores, dado o maior conhecimento destes quanto aos produtos e serviços que ofertam, entre uma série de outros motivos já demonstrados.

Uma relação de consumo, quando levada para o âmbito internacional, possui características e especificidades que a torna ainda mais desigual. Criam-se condições que aumentam a disparidade entre fornecedores e consumidores, o que eleva, por consequência, a vulnerabilidade dos consumidores, que assumem, por analogia, características semelhantes à dos denominados hipervulneráveis.

4.1. A Expansão do Turismo Internacional como Efeito da Globalização

As inovações tecnológicas, em especial as ligadas aos setores de transporte e eletrônicos (computação e equipamentos de comunicação), aceleraram o processo de globalização. A interdependência e a integração global das necessidades e clamores da sociedade em geral afetaram também o mercado do turismo, afinal, conforme visto, os turistas também demandam exigências que lhes são peculiares.[378]

A simplificação do acesso a outros países e suas diversas culturas despertou a curiosidade dos turistas que, diante da queda dos preços dos transportes e demais custos de viagem, decidiram explorar outros territórios, vivenciar outras experiências, novos espaços ambientais e culturais.[379]

Não obstante a facilitação das viagens ao exterior, o crescimento do turismo internacional se deu de forma gradativa e, de certa forma, mais lenta que o esperado (exceção feita ao turismo de negócios).

O turismo internacional cresceu, desenvolveu-se e, por consequência, impulsionou a apresentação (por meio da publicidade e *marketing* turísticos) de novos produtos e serviços aos mais variados mercados, novidades essas que, outrora, eram desconhecidas por boa parte de seus consumidores, despertando desejos e necessidades de consumo.

Surgiram nações inteiras na condição de potenciais consumidores que, apesar da presença de alguns desses produtos e serviços no seu mercado interno, preferem adquiri-los no mercado externo, por causa da maior atratividade dos preços (mais baixos em decorrência da menor incidência de carga tributária, por exemplo[380]), ou apenas por atribuir-lhes maior *status* perante a sociedade ou comunidade em que vivem.[381]

As agências de viagens e turismo começaram a sentir esse efeito a partir de 1998, com a constatação de vários reveses, frutos do desaquecimento da economia. Foram surpreendidas por decisões unilaterais por parte das companhias aéreas, em especial, a de reduzir os percentuais de comissionamento pela emissão de passagens aéreas, resultado da elevada concorrência e das "guerras de tarifas". Os consumidores torna-

378 Perin Junior, Ecio. *A globalização e o direito do consumidor: aspectos relevantes sobre a harmonização legislativa dentro dos mercados regionais*. Barueri: Manole, 2003, p. 47-49.

379 Tomelin, Carlos Alberto. *Mercado de agências de viagens e turismo: como competir diante das novas tecnologias*. São Paulo: Aleph, 2001, p. 51-52.

380 Ausência de impostos e encargos decorrentes da importação do produto, por exemplo, os quais são embutidos no seu valor final.

381 Beni, Mário Carlos. *Globalização do turismo: megatendências do setor e a realidade brasileira*. São Paulo: Aleph, 2003. p. 13-22.

ram-se mais independentes e passaram a contratar diretamente com os fornecedores, mesmo fora de seu país.[382]

Ademais, o comércio eletrônico cresceu em todo o mundo por obra de suas inúmeras vantagens para os fornecedores (redução de custos com a manutenção de estrutura física, consumo de energia e pagamento de mão de obra e funcionários) e consumidores (desnecessidade da contratação de empresas intermediadoras, maior conforto, comodidade, facilidade, diversidade de produtos disponíveis, sem enfrentar o transtorno causado pelo trânsito ou pelas filas).[383]

Os turistas seguiram essa tendência, afastaram a obrigatoriedade da utilização dos serviços das agências de turismo,[384] contratando de forma direta os fornecedores locais, do país e da cidade para onde pretendem viajar, por meio da utilização de *websites*, do comércio eletrônico.

Com tamanha praticidade, asseguram pessoalmente a contratação dos serviços, nos moldes pretendidos,[385] e evitam a cobrança de taxas ou percentuais referentes aos serviços das agências, ao passo que intensificam e melhoram as comunicações com outras pessoas na busca de informações e aconselhamentos sobre os possíveis destinos de viagem (no caso dos turistas).[386]

Despontaram novas tendências no turismo internacional e modificações nos perfis dos turistas, tais como as preocupações e exigências que envolvem cuidados com a conservação do meio ambiente dos locais visitados, a duração da vigem, o equilíbrio entre a qualidade e o preço a ser pago pelos produtos e serviços ofertados, a diversidade de interes-

382 TOMELIN, Carlos Alberto. *Mercado de agências de viagens e turismo: como competir diante das novas tecnologias*. São Paulo: Aleph, 2001, p. 53-56.

383 TOMELIN, Carlos Alberto. *Mercado de agências de viagens e turismo: como competir diante das novas tecnologias*. São Paulo: Aleph, 2001, p. 70-76.

384 As agências de turismo são contratadas por mera comodidade, praticidade ou em razão de algum serviço que, por vezes, ainda lhes seja exclusivo. Nos demais casos, as contratações ocorrem por oportunidade, por preços promocionais em pacotes turísticos ou pela escassez do produto ou serviço no mercado aberto.

385 Possibilita-se a negociação com as empresas locais e oportuniza-se a escolha da localização, dos serviços e comodidades de preferência.

386 LIMBERGER, Têmis; MORAES, Carla Andreatta Sobbé. Comércio eletrônico: a vulnerabilidade do consumidor pela (des)informação e a responsabilidade civil dos provedores na Internet. *Revista de Direito do Consumidor*, São Paulo: Revista dos Tribunais, v. 97, p. 256-259, jan./-fev. 2015.

ses e o aumento do número de viagens de turistas idosos. O mercado, por sua vez, deve adaptar-se para atender a todas elas e propiciar a completa satisfação de seus clientes.

Entre as preocupações e exigências citadas, merecem destaque as relacionadas à proteção e preservação do meio ambiente. Os turistas estão cada vez mais atentos ao estado de preservação e conservação dos recursos naturais dos lugares que visitam. Demandam maior controle da qualidade do meio ambiente e, a partir de suas conclusões e de suas recomendações, ou não, elevam ou reduzem a frequência de visitação desses destinos turísticos, que apresentam como grande atrativo a oferta de qualidade de vida aliada ao cuidado com a natureza.

Outra tendência que modifica o perfil turístico é o aumento do número de viagens curtas. Durante os períodos de férias e recessos, as viagens não sofreram grandes alterações quanto à sua duração, mas com a queda dos preços e maior facilidade na organização das viagens, as pessoas aumentaram a frequência das viagens mais curtas (na maioria dos casos, são viagens pontuais e por iniciativa da família, impulsionadas por feriados e finais de semana prolongados).[387]

O aumento do acesso e da disponibilidade da informação[388] (*websites* de pesquisa, compartilhamento de informações em grupos virtuais ou presenciais), auxiliado pela possibilidade de realizar comparações entre marcas e empresas que se disponham a oferecer produtos e serviços ligados ao mercado turístico, elevaram as demandas por maior qualidade e preços justos.

Reflexo dessas pretensões é o aumento da diversidade de interesses dos turistas, que viajam para países com menor visibilidade no cenário mundial por razões religiosas, culturais, esotéricas, históricas ou gastronômicas. Há ainda um aumento significativo na busca por atividades físicas durante a estadia, uma vez que os turistas assumem uma tendência de se tornarem mais ativos, pois estão expostos a uma melhor qualidade de vida, com menores exigências e redução do nível de estresse habitual.

O aumento da expectativa de vida também gera a elevação do turismo de terceira idade. São turistas com demandas diferentes das tradicionais, pois necessitam de uma atenção maior e atividades mais

[387] Quanto maior o número de viagens, maior será o consumo praticado pelo indivíduo.

[388] Não são, necessariamente, informações verdadeiras, claras e precisas.

adequadas às suas capacidades e aos seus interesses particulares, com equipes especializadas para atendê-los.[389]

Essa nova realidade mundial modifica-se com velocidade, por vezes, de forma ampla e profunda. Os locais que hoje estão na moda e são desejos de consumo de diversos turistas amanhã podem se tornar ultrapassados e não corresponderem às expectativas de outrora (imediatismo e efemeridade).[390]

O mercado apresenta resposta rápida a esse fenômeno. Com o uso de poder simbólico[391] e suas respectivas ferramentas[392] (publicidade e *marketing* competitivo), estabelece os novos desejos e motivações dos consumidores, bem como direciona suas decisões de compra. Consegue controlar e definir quais serão as novas tendências turísticas, os destinos que atrairão maior interesse de seus consumidores e, por consequência, que exigirão maior quantidade de dinheiro.[393]

São muitos os benefícios e inovações que se apresentam no mercado moderno, porém podem vir acompanhados por uma série de problemas e práticas abusivas, os quais expõem os turistas, em especial os estrangeiros, a dificuldades mais concretas e graves do que as de costume, ou seja, barreiras maiores do que as impostas pelas práticas do seu mercado local ou nacional, o que aumenta ainda mais sua condição de vulnerabilidade.

[389] DIAS, Reinaldo. *Introdução ao turismo.* São Paulo: Atlas, 2005, p. 165-166.

[390] SOARES, Ardyllis Alves. A tutela internacional do consumidor turista. *Revista de Direito do Consumidor,* v. 82, p. 127, abr./-jun. 2012.

[391] Objeto de estudo do filósofo francês Pierre Bourdieu, trata-se do poder que passa despercebido, que influencia, mas não deixa marcas ou traumas, pois o faz de modo silencioso e "indolor", razão pela qual o torna o mais eficiente entre todos. Tal força surge como uma consequência da legitimação por parte das outras formas de poder, sendo necessária, contudo, a existência de cumplicidade por parte daqueles que a ele estão sujeitos, ou seja, aqueles que são "dominados" pelos ideais propagados pelo agente ativo do Poder Simbólico. Devem acreditar, absorver e seguir suas ideias, mesmo que de modo inconsciente. Para que seja possível essa difusão de ideias, conta-se com a utilização de ferramentas de extrema eficácia, os chamados instrumentos de conhecimento e construção do mundo, tendo como exemplos alguns universos simbólicos como a arte, a religião, as ciências, a política, entre inúmeros outros, nos quais se incluem as publicidades e o *marketing* comercial.

[392] BOURDIEU, Pierre. *O poder simbólico.* 11ª ed. Rio de Janeiro: Bertrand Brasil, 2007, p. 7.

[393] BENI, Mário Carlos. *Globalização do turismo: megatendências do setor e a realidade brasileira.* São Paulo: Aleph, 2003. p. 23-25.

O turista é uma importante parte do processo de produção no mercado turístico. Além da qualidade dos produtos e serviços a ele oferecidos, sua atitude, seu humor e expectativas afetam a avaliação de sua experiência. Fatores externos, tais como clima, greves, guerras, epidemias e situações políticas, que vão além do seu controle, também guardam relevante poder de influência.

Todos esses fatores, somados, são responsáveis pelo seu comportamento durante a viagem, o qual exercerá impacto direto também nas avaliações e nas experiências dos demais turistas com quem ele interagir, seja no hotel, na aeronave, na internet ou qualquer outro ambiente cabível.[394]

4.2. A Faceta do Turismo Internacional

O turismo é atividade que provoca mudanças culturais e sociais tanto nos turistas quanto nos residentes dos locais visitados, logo, no ambiente sociocultural global. O estado anímico do turista se modifica, tornando-o mais sociável, relaxado e até mesmo distraído, menos observador ou alerta como estaria em seu país de origem.

O turista passa a estabelecer um maior número de relações interpessoais, em um contexto de serenidade particular, de maior disponibilidade e confiança, encantado com todas as novidades, maravilhas naturais e atividades que o novo local lhe possa oferecer.[395]

Nos capítulos anteriores, foram esclarecidas as peculiaridades de uma relação de consumo. Ficou demonstrada a disparidade entre consumidores e fornecedores e a existência de uma norma jurídica sólida no Brasil, que busca o equilíbrio entre as partes envolvidas.

No âmbito internacional, ou seja, quando o consumidor se encontra em país estrangeiro, contudo, ainda há bastante discussão e estudos no tocante à forma como deve ser assegurada a proteção desses indivíduos vulneráveis, diante de regras, normas e costumes que variam de país para país.

No primeiro semestre de 2016, foi possível constatar um aumento no número de pessoas praticando o turismo internacional. A movimentação

[394] SWARBROOKE, John; HORNER, Susan. *O comportamento do consumidor no turismo*. São Paulo: Aleph, 2002, p. 84.

[395] DIAS, Reinaldo. *Introdução ao turismo*. São Paulo: Atlas, 2005, p. 117-119.

foi 4% superior à do mesmo período em 2015. Em números gerais, são cerca de 561 milhões de turistas internacionais (que visitam e pernoitam em território estrangeiro) nos primeiros seis meses de 2016, cerca de 21 milhões a mais que em 2015, conforme dados da OMT.[396]

Além disso, os dados confirmam a tendência da busca por países que em outros tempos não eram tão atrativos, pelos mais diversos motivos,[397] e demonstram que os efeitos da globalização conseguiram reverter esse cenário, o que permite que esses países usufruam desse grande mercado e, por consequência, movimentem sua economia interna.

Os locais com maior índice de crescimento turístico foram as regiões da Ásia e do Pacífico, com 9% de aumento, contrastando com os 4% de crescimento na região das Américas, lideradas pelas Américas do Sul e Central, os 3% da Europa e 5% do continente africano. Estima-se ainda que o Oriente Médio registrou um crescimento de cerca de 9% na sua demanda de turistas estrangeiros.[398]

O fato de o mercado do turismo ser crescente nessas localidades não significa dizer que as populações locais (residentes) estejam preparadas para isso. Questões como quantidades razoáveis de acomodações, conhecimento de outras línguas (em especial o inglês), preparo dos comerciantes para lidar com estrangeiros, ausência ou pouca efetividade de leis que assegurem a proteção dos direitos dos consumidores ou que estabeleçam o equilíbrio na sua relação com os fornecedores são alguns dos pontos mais críticos.

Qualquer que seja o propósito da viagem, uma das principais atividades a se realizar, se não a principal, é o consumo. A relação de consumo em países estrangeiros, em um sentido amplo, ou seja, em relação aos procedimentos em si, não será diferente do que se está acostumado em

[396] GELBERT, Laura. *Chegadas internacionais de turistas sobem 4% no 1º semestre de 2016*. Rádio ONU, 20 set. 2016. Disponível em: <http://www.unmultimedia.org/radio/portuguese/2016/09/chegadas-internacionais-de-turistas-sobem-4-no-1o-semestre-de-2016/index.html#.WA-gbuMrJdg>. Acesso em: 25 out. 2016.

[397] Pobreza, insegurança, burocracia para obter visto, preço das passagens, dificuldades com a língua falada, situação política e outros.

[398] GELBERT, Laura. *Chegadas internacionais de turistas sobem 4% no 1º semestre de 2016*. Rádio ONU, 20 set. 2016. Disponível em: <http://www.unmultimedia.org/radio/portuguese/2016/09/chegadas-internacionais-de-turistas-sobem-4-no-1o-semestre-de-2016/index.html#.WA-gbuMrJdg>. Acesso em: 25 out. 2016.

seu país de origem, em virtude da preponderância do sistema capitalista na maioria do planeta, com variações apenas quanto a aspectos menores, por exemplo, as condições de pagamento (normalmente, em alguns países, não se tem o costume de permitir o parcelamento dos preços), a moeda, a forma de negociação e algumas outras peculiaridades.

Cabe destacar que, independentemente do local em que esteja o consumidor, a sua condição de vulnerabilidade é inerente. Mais que isso, em país estrangeiro, o desnível entre consumidores e os fornecedores aumenta, pois o consumidor (turista) se encontra fora de seu país, onde se fala uma língua estranha (algumas vezes mais de uma),[399] com costumes inusitados, moedas com as mais variáveis taxas de câmbio, dentre uma série de outras situações que não está habituado e dificilmente saberá lidar. É um ambiente completamente novo e que, a depender da situação, pode lhe ser hostil.[400]

4.3. Práticas Abusivas do Mercado Local e o Aumento da Vulnerabilidade dos Turistas Estrangeiros

O processo de tomada de decisão nas compras turísticas é bastante complexo e envolve uma série de considerações. A partir do momento em que a racionalidade padrão do turista está comprometida devido a uma série de emoções que a viagem internacional por lazer possa proporcionar, há que se analisar de forma detalhada para melhor compreender o seu processo decisório.

Existem dois tipos de fatores que são considerados durante uma decisão final de compra, os motivadores e os determinantes. Os motivadores, como o próprio nome diz, motivam o turista a desejar adquirir determinado produto ou serviço (é a área de atuação das publicidades e do *marketing*). Os determinantes vão definir até que ponto o turista é capaz de adquirir o produto desejado.

Os fatores motivadores dividem-se em dois grupos, a motivação para tirar férias, para viajar, e a motivação para tirar férias, viajar, para determinado local em determinado período. Dentro desses dois grupos, os

[399] Por exemplo, a Suíça, onde se fala o italiano, o francês, o alemão e o romanche, e o Canadá, onde se fala inglês e francês.

[400] Soares, Ardyllis Alves. A tutela internacional do consumidor turista. *Revista de Direito do Consumidor*, v. 82, p. 114, abr./-jun. 2012.

objetivos do turista irão influenciar suas decisões, objetivos esses que podem ser físicos (relaxamento, exercício e saúde, exposição ao sol), emocionais (nostalgia, romance, aventura, escapismo), pessoais (visitar amigos e parentes, fazer novos amigos), de desenvolvimento pessoal (aumentar conhecimento), culturais (visitar lugares de interesse, vivência de outras culturas) ou mesmo por mero *status* (exclusividade, fator moda, oportunidade de negócio).

Por isso, os turistas são diferentes entre si. Não se pode padronizar ou generalizar as razões pelas quais desperta-se a vontade ou o estímulo dos turistas para ingressar em uma viagem, suas justificativas ou desejos, pois estes não são baseados em uma única motivação. Variam conforme a personalidade,[401] o estilo de vida[402] e suas experiências particulares.[403]

Os profissionais do *marketing*, cientes dessas variações, buscam direcionar e associar os produtos turísticos e esses fatores motivacionais. Quanto mais abrangente, melhor, maior o número de pessoas atingidas. Relacionam publicidades de parques temáticos como atividade excitante, com risco e aventura, visita a museus como momento de nostalgia, de aprender algo novo, de cultura, e o lazer em *shoppings* como escapismo, consumo de produtos e busca por preços atraentes, e assim por diante.

Leva-se em consideração também o momento de se realizar a viagem, trata-se de um período de grande procura, com maior quantidade de pessoas e preços mais elevados, ou período de baixa estação, com um ambiente mais vazio e preços mais atraentes, e menor necessidade de realizar reservas com antecedência ou se planejar financeiramente.

Os fatores determinantes se dividem entre aqueles que vão confirmar se o indivíduo poderá ou não tirar férias e os que vão estabelecer o tipo de viagem (data, local, meio de transporte utilizado, tipo de acomodação, orçamento, entre outros). Baseiam-se em critérios pesso-

[401] Se é uma pessoa solitária ou de grupo, aventureira ou cautelosa, confiante ou tímida.

[402] Responsável pelo contexto de sua decisão de compra. A depender, realizarão mais ou menos gastos, utilizarão produtos e serviços mais ou menos sofisticados, exclusivos ou não, esperando-se uma qualidade diferenciada. Conecta-se à ideia da imagem que pretendem transmitir.

[403] Experiências com viagens anteriores, em relação a seus aspectos positivos e negativos.

ais e externos que envolvem suas circunstâncias no momento,[404] seus conhecimentos,[405] atitudes e percepções,[406] e experiências.[407]

Todos esses fatores, critérios e motivações são analisados durante o processo de tomada de decisões, na busca por uma experiência completa. Ao contrário do que se imagina, durante a viagem e a estadia no local de destino, é rara a decisão racional por parte dos turistas, haja vista que seu estado anímico e psicológico se encontra alterado e mais aberto a experiências. Com pouco tempo disponível, ficam mais impulsivo e afasta uma série de análises criteriosas necessárias à formação de convicções para um consumo racional.[408]

Muito embora existam mecanismos (*websites* especializados, informações em agências de viagens, consultas a pessoas que já visitaram o local, entre outros) que podem alertar ou prevenir o turista sobre os produtos e serviços ofertados no local de sua viagem, este se vê diante de circunstâncias de consumo que vão além de sua previsão, surgindo como oportunidades únicas (os produtos recebem um significado emocional, de forma simbólica), por vezes, com preços atraentes em decorrência de promoções, descontos ou mesmo estratégias do fornecedor para convencer-lhe a adquirir sua mercadoria (ofertas de última hora ou países com cultura de barganha, por exemplo).[409]

Tal cenário é favorável aos fornecedores, os quais, a depender do caso, podem se aproveitar dessa condição de maior vulnerabilidade dos consumidores e realizarem práticas abusivas para obterem maiores lucros. O consumidor turista é vítima de sua transitoriedade e do imediatismo de algumas oportunidades de consumo, o que torna difícil solucionar problemas de consumo que porventura lhe possam ocorrer. O seu objetivo de lazer pode ser comprometido por obra de um dano ou da dispendiosa tentativa de repará-lo durante o tempo de que dispõe.

[404] Estado de saúde, renda disponível para gastos, tempo disponível para lazer.

[405] Acerca das destinações, dos produtos e serviços que serão encontrados.

[406] Preferências por determinados países e culturas, medo em relação a determinados meios de transporte, opiniões políticas, seu padrão de comportamento.

[407] Viajar sozinho ou em grupo, tipo de férias, produtos e serviços oferecidos.

[408] A pressão e a emoção obscurecem a lógica.

[409] SWARBROOKE, John; HORNER, Susan. *O comportamento do consumidor no turismo*. São Paulo: Aleph, 2002, p. 83- 121.

Os turistas sofrem com a cobrança de preços abusivos,[410] com a disparidade entre os valores cobrados de residentes e de estrangeiros. Transformam-se em vítimas de publicidades enganosas, com dificuldades para obter informações claras e precisas sobre os produtos e serviços que pretendem adquirir, seja por efeito da barreira imposta pelo idioma, seja em decorrência do comportamento do fornecedor, pelo simples fato de serem estrangeiros e desconhecerem o mercado.[411]

Figura-se, portanto, um declínio nos deveres de lealdade, ética e boa-fé por parte dos fornecedores, o que gera prejuízos e a minimização dos direitos básicos dos fornecedores. As vulnerabilidades técnicas, jurídicas, fáticas e informacionais se agravam, diante de uma pluralidade de fornecedores, em ramos e hábitos diversos, o que proporciona insegurança, incertezas e a sensação de fragilidade, com um consequente desincentivo ao consumo.

Os aumentos dessas vulnerabilidades estão diretamente relacionados entre si. Os turistas estão diante de produtos e serviços estranhos aos quais estão acostumados. Por vezes, não possuem os conhecimentos sobre suas funcionalidades, especificidades, utilidades e sobre o preço comum praticado pelo mercado.

Os manuais em língua estrangeira dificultam a compreensão precisa das instruções. Os vendedores, que em tese seriam os encarregados de prestar esclarecimentos e informações precisas sobre o produto, muitas vezes não se comunicam com os consumidores em sua língua nativa (ou mesmo em inglês), deixando-os praticamente por conta própria.

Há também o receio de que, ao recusar a compra ou buscar reduzir os preços, essa conduta seja encarada pelos nativos como uma ofensa ou insulto, um desrespeito à sua cultura e tradição comercial (os fornecedores se valem desse medo para forçar as compras). Cria-se uma obrigatoriedade simbólica para adquirir o produto.

Dada a transitoriedade (pouco tempo de estadia e a busca por aproveitá-la da melhor forma), não é possível realizar pesquisas e compara-

[410] Tanto referentes ao preço dos produtos ou serviços adquiridos quanto em relação à imposição de tarifas extras, por vezes, desnecessárias.

[411] ROCHA, Amélia. *Consumidor turista*. O Povo Online, 21 out. 2010. Disponível em: <http://www.opovo.com.br/app/colunas/ameliarocha/2012/10/20/noticiasameliarocha,2939933/consumidor-turista.shtml>. Acesso em: 24 out. 2016.

ções de preços e qualidade no mercado. Não bastasse isso, os turistas estão sujeitos a adquirir produtos de péssima qualidade ou mesmo falsificados, colocando em risco sua saúde e segurança, sem saber que atitudes tomar ou a quem recorrer.[412] Atribuem maior valor ao produto ou serviço adquirido. Sua análise racional sobre a necessidade de aquisição ou não do produto fica abalada, encara-se como um *souvenir*, uma recordação, uma chance única e exclusiva de compra. Seu estado anímico e a pressão do curto período de estadia, bem como dos vendedores, os instiga a realizar gastos desnecessários ou mesmo além de suas condições econômicas, esquecendo-se, por vezes, das diferenças cambiais e impostos a serem inclusos na transação.

Os aspectos temporais e a ausência de normas com soluções adequadas geram consequências também no âmbito jurídico. Em caso de danos ou ilícitos praticados pelo mercado, os consumidores enfrentam uma grave restrição ao seu acesso à justiça, ao Judiciário.

As leis locais podem ser menos favoráveis que as de seu país, além do sistema jurídico ser desconhecido e das divergências nas jurisprudências sobre o foro adequado para a propositura da ação, o que faz com que, na maioria das oportunidades, a análise processual não seja feita a tempo de sanar o problema.[413]

Depois de realizar uma análise de custo-benefício, entre os danos sofridos e os custos e gastos necessários ao ingresso de ação judicial no estrangeiro, a tendência é que os turistas desistam dos seus pedidos de indenização, pois, do contrário, terão despesas altíssimas, além do planejado, bem como perderão tempo de lazer e todo o investimento já realizado com a viagem. É preferível suportar o dano a aumentar os gastos e desperdiçar seu tempo livre.[414]

Alguns fornecedores locais, munidos de má-fé e cientes dessa vantagem extra, podem se valer dessas condições para lucrar ainda mais, mesmo que de forma ilícita. Sabem que serão raras as hipóteses em que

[412] Soares, Ardyllis Alves. A tutela internacional do consumidor turista. *Revista de Direito do Consumidor*, v. 82, p. 121-123, abr./-jun. 2012.

[413] Soares, Ardyllis Alves. A tutela internacional do consumidor turista. *Revista de Direito do Consumidor*, v. 82, p. 122, abr./-jun. 2012.

[414] Dan, Wei. A proteção do turista através do direito do consumidor: efeitos da globalização e o estudo empírico da China. *Revista de Direito do Consumidor*, São Paulo: Revista dos Tribunais, v. 83, p. 208-211, jul./-set. 2012.

serão demandados judicialmente e que receberão qualquer tipo de coerção ou punição.

Com tamanha liberdade, não é surpresa que pratiquem preços diferenciados e abusivos em relação aos estrangeiros, que transmitam informações erradas ou incompletas, que não se esforcem para melhorar a comunicação e a experiência de consumo de seus clientes, ações essas que lhes exigirão maiores gastos (estrutura, educação, aperfeiçoamento dos produtos e serviços, contratação de funcionários qualificados).

Somados todos esses aspectos, nada facilitadores, ao caráter temporário e transitório de uma viagem, em que se pretende aproveitar ao máximo no curto período de estadia (conforme a tendência do mercado atual),[415] tem-se um cenário muito desfavorável para o consumidor que pratica turismo internacional. A proteção desses sujeitos é tema constante nas pautas de grande parte dos agentes internacionais (públicos e privados) que busquem a proteção dos consumidores.

4.4. Comércio Eletrônico e a sua Inserção no Mercado Turístico

O mercado do comércio eletrônico cresce em todo o mundo. No Brasil, por exemplo, representa fatia considerável do faturamento de muitas empresas, nos mais variados ramos de atividades. Oportunizam-se aos consumidores maiores facilidades, diversidade, comodidades e economia de tempo, pois estes não precisam sair de casa para adquirir ou reservar os pretendidos produtos ou serviços.

A internet diminuiu os custos das transações e da distribuição, pois a compra e venda de serviços e mercadorias não exige mais a presença física dos contratantes. A tecnologia passou a integrar a vida cotidiana das pessoas e transformou as relações e os perfis das empresas e seus clientes, com grande competitividade entre os vendedores e maior acesso aos seus respectivos consumidores (inclusive os potenciais).[416]

[415] Períodos mais curtos de estadia e maior número de viagens.

[416] LIMBERGER, Têmis; MORAES, Carla Andreatta Sobbé. Comércio eletrônico: a vulnerabilidade do consumidor pela (des)informação e a responsabilidade civil dos provedores na Internet. *Revista de Direito do Consumidor*, São Paulo: Revista dos Tribunais, v. 97, p. 256-259, jan./-fev.2015.

O comércio é a atividade mais atrativa e visada da internet. Segundo o relatório da E-bit,[417] entre os anos de 2012 e 2013, o setor cresceu, no Brasil, 28%, movimentando cerca de R$ 28,8 bilhões. Em 2013, mais de 9,1 milhões de pessoas realizaram compras *on-line* pela primeira vez.[418] Já em relação ao relatório mais recente,[419] referente ao ano de 2017, mais de 55 milhões de consumidores compraram no comércio eletrônico pelo menos uma vez em 2017. O crescimento foi de 15%, se comparado ao ano de 2016.

O *e-commerce* registrou cerca de 47,7 bilhões de reais de faturamento (aumento de 7,5% comparado com o obtido em 2016), e o uso de dispositivos móveis para realização de compras aumentou de 21,5% (registrado em 2016) para 27,3%, o que indica maior dinamismo e praticidade do setor e o aumento da confiança dos consumidores. Estimou-se que o crescimento no ano de 2018 será de 12%, com faturamento de mais 53 bilhões de reais, sendo que 37% das compras será realizada via dispositivos móveis.[420]

O comércio eletrônico aderiu à tendência de consumo de produtos estrangeiros, surgida por volta das décadas de 1980 e 1990. Com o fenômeno da globalização, houve uma multiplicidade de contatos internacionais entre sujeitos privados (abertura de mercados), facilitada pela massificação das comunicações. Relações entre profissionais e consu-

[417] Empresa especializada em coletar e analisar informações sobre o comércio eletrônico. Destaca-se pela divulgação de seu relatório anual, denominado *Webshoppers*, que, com o auxílio da Câmara Brasileira de Comércio Eletrônico, da Federação do Comércio de Bens, Serviços e Turismo do Estado de São Paulo (Fecomércio SP) e da Associação Brasileira de Comércio Eletrônico (ABComm), realiza um estudo completo do *e-commerce* brasileiro nos anos correspondentes, a partir do qual avalia e certifica as empresas que atuam nesse ramo.

[418] Limberger, Têmis; Moraes, Carla Andreatta Sobbé. Comércio eletrônico: a vulnerabilidade do consumidor pela (des)informação e a responsabilidade civil dos provedores na Internet. *Revista de Direito do Consumidor*, São Paulo: Revista dos Tribunais, v. 97, p. 257, jan./-fev. 2015.

[419] Que analisou um ano completo.

[420] Relatório Webshoppers 37ª Edição – 2018. Disponível em: <https://www.ebit.com.br/webshoppers>. Acesso em: 18 set. 2018.

midores estrangeiros se formaram e, com elas, o contrato de consumo internacional eletrônico.[421-422]

Define-se comércio eletrônico como a contratação a distância, por meios eletrônicos (*e-mail*, por exemplo), por internet (*on-line*) ou pelos demais meios de telecomunicação de massa (*telemarketing*, televisão aberta ou fechada, entre outros). Trata-se de contratação sem a presença física do fornecedor.

É um acontecimento plúrimo, multifacetado e complexo, nacional e internacional (liga dois ou mais ordenamentos jurídicos),[423] que gera a "desumanização do contrato",[424] ou seja, o aumento do grau de impessoalidade no momento da efetivação de uma compra ou venda, pois não há oportunidade de negociação.[425]

Há também um maior desequilíbrio econômico, social e contratual entre a empresa e o consumidor passivo e, por isso, exige-se tratamento diferenciado quando da análise concreta dos casos,[426] tanto para se esta-

[421] Contratos que possuem o elemento da estraneidade entre seus sujeitos, de um lado o fornecedor (profissional de bens e serviços) e de outro o consumidor (denominado consumidor passivo), firmados através do uso da internet ou demais meios eletrônicos.

[422] GEIB, Geovana. A necessidade de regras específicas de Direito Internacional privado no contrato de consumo internacional eletrônico: principais aspectos quanto ao foro competente e à lei aplicável. *Revista de Direito do Consumidor*, São Paulo: Revista dos Tribunais, v. 82, p. 182-183, abr./-jun. 2012.

[423] GEIB, Geovana. A necessidade de regras específicas de Direito Internacional privado no contrato de consumo internacional eletrônico: principais aspectos quanto ao foro competente e à lei aplicável. *Revista de Direito do Consumidor*, São Paulo: Revista dos Tribunais, v. 82, p. 182, abr./-jun. 2012.

[424] Muito bem retratada pelo fato de que os contratos de adesão são muito utilizados pelo comércio eletrônico. Os contratos de adesão estipulam cláusulas preestabelecidas, sem margem para negociação, vinculando a contratação apenas à anuência ou não por parte dos consumidores.

[425] O contrato de adesão pode prever cláusulas abusivas que desnivelem ainda mais a relação de consumo (favorecimento do fornecedor perante o consumidor), por exemplo, a eleição do foro do fornecedor para os litígios judiciais que dela possam decorrer.

[426] GEIB, Geovana. A necessidade de regras específicas de Direito Internacional privado no contrato de consumo internacional eletrônico: principais aspectos quanto ao foro competente e à lei aplicável. *Revista de Direito do Consumidor*, São Paulo: Revista dos Tribunais, v. 82, p. 184-185, abr./-jun. 2012.

belecer formas de prevenção de condutas ilícitas, quanto em razão da análise por parte do Poder Judiciário.[427]

A contratação por meio do uso da internet já se tornou prática usual e corriqueira. Diariamente, consumidores de todo o mundo recebem inúmeras ofertas de produtos e serviços internacionais, os quais estão a poucos cliques de distância de serem adquiridos. A contratação eletrônica atingiu praticamente todos os ramos do comércio mundial, e com o turismo não foi diferente.[428]

O comércio eletrônico reestruturou e deu uma nova cara ao turismo. Com maiores facilidades, acesso e diversidade para os seus consumidores, ele afastou a exigência de se contratar boa parte dos intermediários do setor, o que gerou crescimentos e prejuízos aos agentes do mercado turístico.

As agências de turismo, por exemplo, que concentravam a maioria das operações necessárias para que uma pessoa pudesse desfrutar de uma viagem internacional, hoje são constantemente descartadas (salvo algum serviço específico[429]). Com o auxílio dos meios eletrônicos, a regra é que a contratação, pesquisa e seleção dos produtos turísticos sejam feitas de forma direta pelo turista, que adaptará suas escolhas conforme suas preferências pessoais e condições financeiras.[430]

Toda a praticidade, eficiência e dinamismo do comércio eletrônico traz consigo alguns elementos negativos, que geram insegurança e um aumento da vulnerabilidade dos consumidores. Para se contratar a distância, deve-se confiar na oferta do fornecedor, em especial em relação aos aspectos de qualidade dos produtos divulgados, e na honestidade

[427] LIMBERGER, Têmis; MORAES, Carla Andreatta Sobbé. Comércio eletrônico: a vulnerabilidade do consumidor pela (des)informação e a responsabilidade civil dos provedores na Internet. *Revista de Direito do Consumidor*, São Paulo: Revista dos Tribunais, v. 97, p. 265-266, jan./-fev. 2015.

[428] GEIB, Geovana. A necessidade de regras específicas de Direito Internacional privado no contrato de consumo internacional eletrônico: principais aspectos quanto ao foro competente e à lei aplicável. *Revista de Direito do Consumidor*, São Paulo: Revista dos Tribunais, v. 82, p. 183, abr./-jun. 2012.

[429] Intermediar a contratação de seguro de saúde de viagem ou de cursos no exterior, por exemplo.

[430] SEBRAE. Disponível em: <https://www.sebrae.com.br/sites/PortalSebrae/artigos/pequenas-agencias-devem-estar-atentas-ao-mercado-do-turismo-online,b92b3a53c2cce410VgnVCM1000004c00210aRCRD>. Acesso em: 27 fev. 2017.

de seus parceiros comerciais. A partir dessa confiança, os consumidores arriscam a aquisição do produto, mesmo sem uma análise mais profunda sobre os respectivos riscos, por exemplo, e fornecem dados pessoais, tais como o número de seu cartão de crédito e o endereço de sua residência.[431]

Além desses aspectos, o conjunto de informações (transmitidas de forma massiva e instantânea) que se apresenta aos turistas pode lhes gerar confusão ou até mesmo indução ao erro. As empresas que atuam no mercado turístico, e que disponibilizam seus serviços e produtos na internet, voltam todas as suas estratégias de *marketing* para uma comunicação direta com os consumidores, ofertando-lhes todos os atrativos que possuem e das formas mais variadas, por vezes, com informações incompletas ou mesmo que apresentem condições que não condizem com a realidade de seus produtos ou serviços.

A internet é uma ferramenta que pode ser utilizada de forma ambígua, com elementos que ora agregam e, outras vezes, desagregam, que instruem ou confundem seus usuários. Não se pode afirmar que o consumo ou a contratação por meios eletrônicos será sempre uma experiência agradável e exitosa, assim como não se pode afirmar que todos os fornecedores agem com malícia ou má-fé.

Problemas podem ocorrer e os mais comuns estão ligados à má prestação de um serviço, vícios de qualidade (defeito e segurança do produto) e quantidade e à desconformidade do produto ou serviço com as características e especificações descritas na oferta. Há também que se considerar os problemas enfrentados pelos turistas para contatar ou identificar o fornecedor (impessoalidade) quando, de fato, ele existe e não é apenas fruto de um golpe.[432]

O principal fator que vai gerar os problemas de consumo acima elencados é a falta de informação ou a desinformação dos consumidores. Há

[431] Geib, Geovana. A necessidade de regras específicas de Direito Internacional privado no contrato de consumo internacional eletrônico: principais aspectos quanto ao foro competente e à lei aplicável. *Revista de Direito do Consumidor*, São Paulo: Revista dos Tribunais, v. 82, p. 183-185, abr./-jun. 2012.

[432] Limberger, Têmis; Moraes, Carla Andreatta Sobbé. Comércio eletrônico: a vulnerabilidade do consumidor pela (des)informação e a responsabilidade civil dos provedores na Internet. *Revista de Direito do Consumidor*, São Paulo: Revista dos Tribunais, v. 97, p. 259, jan./-fev.2015.

uma acentuada vulnerabilidade que decorre das dificuldades naturais em identificar os fornecedores a distância, suas características, a qualidade de seus produtos e serviços ou mesmo informações técnicas que contribuam para o melhor aproveitamento ou o uso correto do bem adquirido.

Destaca-se o aumento da vulnerabilidade técnica dos consumidores em decorrência da falta de um contato presencial com o fornecedor ou seus respectivos funcionários, os quais estão habilitados, em teoria, a esclarecer qualquer tipo de dúvidas ou prestar as informações requeridas sobre os bens e serviços que ofertam no mercado.[433]

Os consumidores ficam adstritos às informações contidas na internet, que podem ser insuficientes, incorretas ou até mesmo excessivas, confundindo-os, tirando-lhes o foco daquilo que realmente é importante ou essencial. Acentua-se a vulnerabilidade informacional, diante de produtos cada vez mais modernos e que exigem maior conhecimento especializado para seu uso ou manipulação.

Ao se contratar via internet, assumem-se os riscos de adquirir algo sem ver ou experimentar, de erros na entrega, de se deparar com fornecedores falsários, de má utilização dos dados sensíveis informados[434] no processo de compra *on-line*. Não se pretende afirmar que esses danos ocorrerão em todas as transações eletrônicas, mas tão somente alertar e destacar a maior suscetibilidade dos consumidores ao adquirir produtos a distância, fora do estabelecimento físico[435] dos fornecedores.[436]

Os turistas dispõem de meios para se precaver ou até mesmo diminuir os riscos de sofrerem esses tipos de danos, contudo, nem sempre

[433] Conhecimentos específicos acerca das propriedades, dos malefícios e das consequências em geral da utilização(contato mais próximo com os modernos produtos e serviços).

[434] Informações pessoais como número de telefone, endereço residenciais, número do cartão de crédito, entre outros.

[435] Onde também poderá se deparar com riscos similares, porém de modo mais atenuado, haja vista que ele terá contato direto e presencial com o fornecedor, à disposição para responder todas as suas indagações e aberto a barganhar preços, modo de operacionalizar a negociação e até mesmo sobre quais dados não precisarão ser fornecidos.

[436] LIMBERGER, Têmis; MORAES, Carla Andreatta Sobbé. Comércio eletrônico: a vulnerabilidade do consumidor pela (des)informação e a responsabilidade civil dos provedores na Internet. *Revista de Direito do Consumidor*, São Paulo: Revista dos Tribunais, v. 97, p. 261-264, jan./-fev.2015.

isso será possível, por falta de instrução ou de meios que os possibilitem atestar previamente a qualidade do que pretende adquirir.

A própria internet poderá ser utilizada como ferramenta entre os turistas para o compartilhamento de experiências ou avaliação de qualidade e segurança de produtos e serviços ofertados pelo mercado turístico. Ainda assim, as informações prestadas em fóruns *on-line* ou *sites* especializados são limitadas, pois nem sempre serão completas, detalhadas ou atenderão às questões pretendidas por todos os futuros viajantes.

Há que se concordar que, via de regra, *sites* e fóruns são instrumentos de grande ajuda e colaboram bastante com a experiência turística, mas, mesmo assim, não afastam por completo a situação de aumento de vulnerabilidade dos consumidores. Há, por exemplo, discrepância quanto à percepção dos turistas, pois estes possuem critérios e avaliações particulares, podendo, inclusive, ser induzidos a erro por uma avaliação que não esteja de acordo com suas expectativas pessoais, movidos pela confiança nas informações prestadas.

O comércio eletrônico alavancou e propiciou muitas facilidades ao mercado turístico. Não se pode deixar de lado que, ao mesmo tempo, expôs os turistas a maiores riscos e dificuldades a serem enfrentados.

Resta, portanto, a conscientização de seus atores, para que ajam de boa-fé, prestem informações adequadas, necessárias e completas, com o objetivo de propiciar a melhor qualidade possível nos produtos e serviços ofertados, objeto deste estudo, aqueles voltados ao mercado turístico, o que, por consequência, servirá para impulsionar e desenvolver ainda mais essa atividade, com benefícios mútuos para consumidores e fornecedores.

4.5. A Tendêcia Global de Interpretação dos Contratos de Consumo em Favor do Vulnerável como Instrumento de Busca pela Boa-fé e Equidade

A prática abusiva por parte do mercado internacional, valendo-se do agravamento das vulnerabilidades dos consumidores, sem que haja uma busca normativa para se equilibrar essa relação, confronta toda a tendência jurídica global, a qual busca dar novas interpretações aos contratos, torná-los mais justos na tentativa de evitar que encargos ou ônus excessivos sejam impostos a uma das partes, a mais frágil.

A equidade e a justiça passaram a ser obrigatórias na interpretação contratual, com a imposição de limites ao liberalismo e à autonomia da vontade. Trata-se de um clamor por um poderoso intervencionismo estatal capaz de gerar mudanças e vários paradigmas, impondo-se o princípio da boa-fé objetiva na formação e execução das obrigações.[437]

A equidade dará a adequação correta das leis e normas à realidade social. Será ela a responsável pelo estabelecimento da Justiça, do Direito, de sua efetiva realização, não apenas uma dogmática cega, visto que ela não será capaz de identificar peculiaridades em um caso específico.

É a concretização da ideia fundamental da igualdade, do tratamento igual entre os iguais, e desigual entre os desiguais. Não se pretende, contudo, afastar a aplicação da lei. A equidade e a justiça a ela estão subordinadas. Serão, portanto, instrumentos para a sua melhor aplicação, de correção e ajuda para se atingir o justo legal.[438]

Vive-se um momento de mudanças legislativas, políticas e sociais, de reconstrução em razão do fracasso da execução prática dos ideais de liberdade, igualdade e fraternidade da Revolução Francesa, ao menos em relação à sua aplicabilidade a todos, fator de exclusões sociais.

Há importantes modificações nas percepções e no estilo de vida moderno, que partiu da acumulação de bens materiais para a de bens imateriais, dos contratos de dar para os de fazer, de um modelo imediatista de compra e venda para um duradouro, da contratação direta e pessoal para a automatizada e impessoal, por meios eletrônicos, a distância.[439]

O novo modelo, a nova ordem jurídica, passa a acompanhar de forma mais atenta ao cumprimento de uma prestação, ao conteúdo de um contrato, com uma releitura da autonomia da vontade. Agora, o esforço deve ser para garantir a vontade dos mais fracos (vontade racional), da sua autonomia real da vontade. Os consumidores estão inclusos nesse grupo. Inicia-se um processo de sua libertação das pressões e instigações impostas pelas publicidades, práticas abusivas ou qualquer outro método agressivo de vendas adotado pelo mercado.

[437] MARQUES, Claudia Lima. *Contratos no Código de Defesa do Consumidor: o novo regime das relações contratuais.* 8ª ed. São Paulo: Revista dos Tribunais, 2016, p. 167-168.

[438] AMARANTE, Maria Cecília Nunes. *Justiça ou equidade nas relações de consumo.* Rio de Janeiro: Lumen Juris, 1998, p. 41-64.

[439] MARQUES, Claudia Lima. *Contratos no Código de Defesa do Consumidor: o novo regime das relações contratuais.* 8ª ed. São Paulo: Revista dos Tribunais, 2016, p. 172-182.

A confiança é um pilar das relações contratuais. Não se pode permitir que condutas (comissivas ou omissivas) da sociedade ou do mercado de consumo possam abalá-la. Deve-se assegurar a existência de uma expectativa legítima de que o consumidor terá proteção, que a relação estará equilibrada e que, do contrário, seja-lhe assegurado o direito à compensação pelos danos sofridos. Senão, perde-se a confiança, o consumidor permanecerá passivo, inerte, evitando o consumo, o que é prejudicial para todos, tanto no sentido micro quanto macroeconômico.[440]

A interpretação benéfica ao consumidor, logo, aos turistas, é uma tendência global e tem como objetivo adequar o direito tradicional (autonomia da vontade, liberdade contratual e igualdade das partes) à realidade social, impondo-se melhorias do sistema jurídico e conduzindo a intervenções legislativas para reequilibrar a relação de consumo.[441]

É necessário o aumento da proteção aos consumidores turistas que se encontram em países estrangeiros, como forma de desestimular condutas maliciosas e abusivas dos fornecedores, os quais se aproveitam das vantagens obtidas em decorrência da transitoriedade e da sua falta de informação, conhecimento e *expertise*, cobrando-lhes preços abusivos ou mesmo ofertando-lhes produtos de baixa qualidade ou nocivos à sua saúde e integridade física, conscientes de que a probabilidade de serem responsabilizados por isso é muito baixa.

4.6. A Internet como Ferramenta para Punir de Forma Indireta as Condutas Ilícitas ou Abusivas Praticadas por Fornecedores no Mercado Estrangeiro

As dificuldades enfrentadas por consumidores, na condição de turistas em países estrangeiros, em obterem efetivo sucesso na reparação de danos de consumo sofridos durante a viagem (seja em decorrência da falta de reparação, seja por um ressarcimento insuficiente) levaram ao surgimento de novos mecanismos voltados à prevenção, precaução e, até mesmo, denúncia contra as más condutas do mercado estrangeiro.

[440] MARQUES, Claudia Lima. *Contratos no Código de Defesa do Consumidor: o novo regime das relações contratuais.* 8ª ed. São Paulo: Revista dos Tribunais, 2016, p. 172-182.

[441] MAMEDE, Gladston. *Direito do consumidor no turismo: Código de Defesa do Consumidor aplicado aos contratos, serviços e ao marketing do turismo.* São Paulo: Atlas, 2004, p. 140.

Conforme ressaltado, dentre os principais fatores que contribuem com as dificuldades para se reparar um dano, destaca-se a transitoriedade, o curto período de estadia em uma determinada localidade e o desconhecimento por parte do próprio turista (sobre práticas do mercado, procedimentos para reparação dos danos, leis locais e outras questões específicas).

Na busca por contornar esses obstáculos, os próprios turistas começaram a escrever livros especializados, contando suas experiências turísticas em determinadas localidades, e a difundi-los aos demais. As pessoas interessadas em realizar viagens semelhantes adquiriam os referidos livros e passavam a utilizá-los como verdadeiros guias para os momentos antecedentes à viagem (escolha de destino, preparação de roteiros e das atividades a serem praticadas) ou ainda no decorrer da viagem.

Os livros são excelentes itens para consulta, contudo, deve-se ter em consideração o tempo que se leva para sua elaboração, assim como o fato de que, após sua publicação, nem todos possuem novas edições com a atualização de suas informações, além do seu conteúdo se restringir exclusivamente às experiências passadas por seus autores. Ainda, há que se destacar que esses produtos exigem um custo, bem como estão sujeitos ao esgotamento de suas unidades, restringindo seu acesso a apenas parte das pessoas interessadas.

Com o surgimento e desenvolvimento da internet, tornou-se uma importante ferramenta para o mercado turístico, com aplicabilidade em todas as fases de uma viagem. Através de *websites* e aplicativos de celulares especializados (TripAdvisor, Melhores Destinos, Booking, por exemplo), os turistas contam com a oportunidade de pesquisar uma série de informações sobre os mais variados destinos.[442]

Com o auxílio da internet podem planejar suas viagens, roteiros, comparar preços, compartilhar informações, experiências, criticar ou recomendar companhias e estabelecimentos comerciais que façam parte do mercado turístico. Forma-se uma espécie de comunidade virtual que busca a colaboração mútua, com informações dinâmicas, constante-

[442] Portal Brasil. *Ministério do Turismo destaca a importância da internet para o setor.* Brasília, 26 nov. 2014. Disponível em: <http://www.brasil.gov.br/turismo/2014/11/ministerio-do-turismo-destaca-a-importancia-da-internet-para-o-setor>. Acesso em: 11 fev. 2017.

mente atualizadas e que englobam várias perspectivas ao mesmo tempo, logo, mais dados, o que é uma vantagem se comparado aos citados livros especializados.

Para se ter uma ideia da dimensão da contribuição que a internet fornece aos turistas, uma pesquisa realizada pelo Ministério do Turismo constatou que 68% dos turistas estrangeiros que visitaram o Brasil durante a realização da Copa do Mundo de Futebol de 2014 utilizaram a internet como fonte de informações para a viagem.[443]

Se um turista sofre danos de consumo durante sua viagem, ele poderá, por meio da internet, denunciar os respectivos fornecedores e alertar os futuros ou potenciais consumidores desse mesmo produto ou serviço.

Com esse comportamento, punem-se os maus fornecedores, mesmo que apenas de forma indireta (sem que haja a reparação dos danos, substituição do produto ou a devolução do dinheiro gasto), com a redução de seus lucros, pois, ao desestimular que outros turistas busquem seus produtos ou serviços, estar-se-á afetando sua reputação e credibilidade perante o mercado de turistas estrangeiros, importantes fatores que o consumidor estrangeiro leva em consideração antes de adquirir o bem pretendido.

Tamanha é a importância dos *sites* de avalição de experiências turísticas que, em pesquisa realizada pelo *site* TripAdvisor (um dos maiores e mais relevantes do mundo nesse ramo), revelou-se que 83% dos usuários se sentem mais confortáveis e confiantes em realizar a viagem pretendida após a análise das avaliações presentes no *website* e que 80% buscam entre 6 e 12 avaliações antes de reservar um hotel, o que deflagra o dano que uma avaliação ruim pode causar às finanças do fornecedor.[444]

A internet é uma poderosa aliada dos turistas, em especial dos estrangeiros, porém ela também pode apresentar facetas negativas, como a

[443] Portal Brasil. *Aplicativos facilitam busca de informações turísticas*. Brasília, 30 jul. 2014. Disponível em: <http://www.brasil.gov.br/turismo/2014/05/aplicativos-facilitam-busca-de--informacoes-turisticas>. Acesso em: 11 fev. 2017.

[444] Folha de São Paulo. *Site lança guia com dicas de como escrever avaliações úteis para outros viajantes*. São Paulo, 1 abr. 2015. Disponível em: <http://www1.folha.uol.com.br/turismo/2015/04/1611416-site-lanca-guia-com-dicas-de-como-escrever-avaliacoes-uteis-para-outros-viajantes.shtml>. Acesso em: 18 fev. 2017.

indução a erro, por exemplo. As avaliações e comentários presentes nos *sites* de viagens são feitas por qualquer pessoa que afirme ter visitado um lugar específico ou adquirido determinado produto ou serviço.

Não há garantias sobre a legitimidade das informações prestadas, ou que estas sejam prestadas por pessoa especializada no ramo, o que permite o compartilhamento de informações falsas, imprecisas ou incompletas, as quais possuem o condão de levar o turista a erro, e levá-lo, inclusive, a frequentar locais ou consumir bens e serviços que possam lhes gerar danos.

Uma informação mal prestada pode favorecer a busca por fornecedores que não se preocupem com a qualidade de seus serviços ou produtos, ou a ocorrência de experiências desagradáveis, frustrantes e imprevistas, diferentes das expectativas criadas com base no relato de outros viajantes.

Diante desse risco, os próprios *websites* buscam incentivar e instruir seus usuários a prestarem informações com a maior qualidade possível. Para isso, divulgam guias e dão dicas para se atender às principais necessidades de seus usuários. De acordo com a citada pesquisa realizada pelo *site* TripAdvisor, os requisitos para uma avaliação ideal englobam fornecer o maior número de detalhes, concentrar-se em situações que de fato ocorreram e ser direto e conciso em suas avaliações.

De forma geral, deve-se demonstrar os motivos para ter gostado ou não de determinada experiência, com dicas práticas sobre atrações e passeios. Ao avaliar hotéis, por exemplo, mencionar opiniões quanto à estrutura e às condições do estabelecimento. Já em relação a restaurantes, a prioridade deve ser a qualidade da comida e, em seguida, do serviço do local.[445]

Ao seguir essas orientações, estar-se-á contribuindo para que muitos turistas desfrutem de suas viagens com maiores condições de segurança e menores riscos de danos e frustrações. Surge, assim, uma forma de autopreservação entre indivíduos que compartilham um mesmo interesse, com a exposição de suas experiências pessoais, boas ou ruins,

[445] Folha de São Paulo. *Site lança guia com dicas de como escrever avaliações úteis para outros viajantes*. São Paulo, 1º abr. 2015. Disponível em: <http://www1.folha.uol.com.br/turismo/2015/04/1611416-site-lanca-guia-com-dicas-de-como-escrever-avaliacoes-uteis-para-outros-viajantes.shtml>. Acesso em: 18 fev. 2017.

incentivando e alertando os futuros e potenciais consumidores, bem como gerando efeitos (positivos ou negativos) aos fornecedores com quem tiveram contato, a depender da conduta destes diante da prestação do serviço ou da venda de um produto.

4.7. Eventos Internacionais como Fomentadores do Turismo e o seu Viés em Relação à Proteção dos Consumidores: o Exemplo Brasileiro

Afora conhecer novos lugares e novas culturas, os turistas, ao viajar para fora de seus países, buscam vivenciar situações que fogem à sua rotina. Além desses fatores, outro que serve como motivador[446] para a realização da viagem pode ser a realização de algum evento internacional de seu interesse na localidade, o que proporciona aos visitantes uma experiência completa, com ainda mais opções de atividades e entretenimento.

A realização de eventos internacionais eleva a migração de turistas para a localidade, ao passo que favorece e movimenta a economia local. Quanto maior o evento, maior o número de pessoas interessadas e maiores serão os gastos com produtos e serviços ofertados pelas empresas e pelo mercado de sua sede, principalmente se a cidade não possuir *status* de local tradicionalmente turístico.

Os eventos turísticos são espetáculos públicos que se associam aos serviços turísticos com a finalidade de promover o lazer e o entretenimento como espécie de bens de consumo, mediante remuneração (direta[447] ou indireta[448]) ou não. Os que apresentam maior destaque

[446] Há que se considerar que a realização de um evento internacional pode ser o motivo principal, ou até mesmo único motivo, que levou o turista a conhecer e visitar determinada localidade.

[447] Pagamento de preço como contraprestação. São exemplos, quando condicionados ao pagamento, as exibições cinematográficas, peças teatrais e expressões artísticas em geral, eventos esportivos, entre outros.

[448] Alguns espetáculos não são pagos de forma direta pelos espectadores, pois são oferecidos como bônus promocional por parte dos fornecedores, que buscam fomentar seu mercado e fidelizar sua clientela. É o caso de promoções e ofertas de produtos ou serviços que atrelam a sua aquisição ao ganho de ingressos para determinado evento, como um brinde. Outro exemplo é a realização de *show* ou peça teatral em *shopping center* com a finalidade de atrair maior público ao local e, por consequência, às lojas.

e atraem maior público são os espetáculos públicos culturais (como o carnaval) e os esportivos (jogos e campeonatos de futebol e das mais variadas modalidades esportivas). Neste estudo, será tratado apenas dos eventos que exigem remuneração, pois são os que exigem maior proteção aos direitos dos consumidores.[449]

Os turistas estrangeiros que buscam apenas um evento turístico específico precisam, necessariamente, visitar o local e, ao fazê-lo, passam a conhecer um pouco mais sobre suas cidades, sua cultura e seus povos. Descobrem uma nova localidade,[450] que passa a ser considerada, caso a experiência seja positiva, como local de destino para viagens futuras, cogita-se a possibilidade de retorno e, se muitos visitantes aderirem a esse pensamento, há a possibilidade de se definir a localidade como uma nova rota turística.

Esse fenômeno pode acarretar mudanças que beneficiam as populações locais, com o crescimento da economia, melhoras na infraestrutura, criação de novos mercados e, por consequência, novos empregos e oportunidades de desenvolvimento. Por isso, existe grande disputa entre as mais variadas cidades do mundo para sediarem eventos internacionais de grande escala, em especial, os esportivos.

O Brasil, por exemplo, recebe anualmente uma das etapas do Mundial de Fórmula 1, única etapa realizada na América do Sul, o que estimula grande visitação de turistas do continente à cidade de São Paulo, onde a corrida é realizada. Oportunidades de negócios são criadas e o comércio tem suas atividades intensificadas.

Outros eventos que merecem destaque são a Copa do Mundo de Futebol e os Jogos Olímpicos e Paralímpicos de Verão, recentemente sediados em cidades brasileiras. De acordo com a Embratur, a Copa do Mundo de Futebol representou 84% do turismo no Brasil no ano de 2014.[451] Cerca de 1 milhão de turistas estrangeiros, de mais de 202 paí-

[449] MIRAGEM, Bruno. Serviços turísticos, espetáculos esportivos e culturais no mercado de consumo: a proteção do consumidor nas atividades de lazer e entretenimento. *Revista de Direito do Consumidor*, São Paulo: Revista dos Tribunais, v. 85, p. 97, jan./-fev. 2013.

[450] O impulso que os motivou a visitarem o local fora o evento e, sem que este ocorresse, haveria pouca probabilidade da sua escolha como destino turístico futuro.

[451] UOL. *Copa do Mundo impacta em 84% o turismo no Brasil em 2014*. São Paulo, 10 jul. 2015. Disponível em: <http://maquinadoesporte.uol.com.br/artigo/copa-do-mundo-impacta-em-84-o-turismo-no-brasil-em-2014_28689.html>. Acesso em: 05 mar. 2017.

ses, visitaram o país durante esse período e 95% deles revelaram a intenção de retornar em viagens futuras.[452]

O recorde de visitantes registrado no ano de realização da Copa do Mundo de Futebol teve como resultado um aumento de 52% no número de turistas no Estado do Amazonas (cerca de 50 mil estrangeiros), de 35% no Distrito Federal (100 mil estrangeiros), de 32% no Rio de Janeiro (1,6 milhão de estrangeiros), e outros relevantes aumentos nos demais estados.

Segundo dados do Banco Central, apenas durante os meses de realização do evento, os visitantes internacionais deixaram no país cerca de 1,586 bilhão de dólares, o que demonstra a força e a importância desse tipo de evento para o mercado turístico e para a economia nacional.[453]

Já os Jogos Olímpicos de 2016, muito embora tenham duração consideravelmente menor que a da Copa do Mundo, também deixaram registros de elevado crescimento turístico. A cidade do Rio de Janeiro, que concentrou a maior parte das modalidades esportivas, recebeu cerca de 1,17 milhão de turistas, dos quais 410 mil eram estrangeiros.[454]

O setor hoteleiro registrou ocupação de 94% e a economia da cidade sofreu impacto positivo. Apenas na Zona Sul, o comércio registrou alta de 70% se comparado ao mesmo período no ano de 2015. Estima-se que o gasto médio por dia dos turistas estrangeiros tenha sido de R$ 424,62, enquanto o de turistas brasileiros, de R$ 310,42.[455]

Os eventos internacionais, apesar do seu impacto positivo na economia e, por vezes, na infraestrutura das cidades onde são realizados, tam-

[452] Portal R7. *Brasil recebeu 1 milhão de turistas estrangeiros durante a Copa*. São Paulo, 14 jul. 2014. Disponível em: <http://esportes.r7.com/futebol/copa-do-mundo-2014/brasil-recebeu-1-milhao-de-turistas-estrangeiros-durante-a-copa-14072014>. Acesso em: 05 mar. 2017.

[453] UOL. *Copa do Mundo impacta em 84% o turismo no Brasil em 2014*. São Paulo, 10 jul. 2015. Disponível em: <http://maquinadoesporte.uol.com.br/artigo/copa-do-mundo-impacta--em-84-o-turismo-no-brasil-em-2014_28689.html>. Acesso em: 05 mar. 2017.

[454] A maioria proveniente dos Estados Unidos, Argentina e Alemanha.

[455] BOECKEL, Cristina. *Rio recebeu 1,17 milhão de turistas na Olimpíada; 410 mil são do exterior.* Portal G1 Rio, 23 ago. 2016. Disponível em: <http://g1.globo.com/rio-de-janeiro/olimpiadas/rio2016/noticia/2016/08/prefeitura-faz-balanco-da-olimpiada-e-paes-diz-que-o-rio-calou-criticos.html>. Acesso em: 05 mar. 2017.

bém podem gerar efeitos negativos, no caso, aos seus espectadores, aos seus direitos e proteções como consumidores.

Não bastasse a insuficiente e ainda embrionária tutela internacional dos consumidores, é possível constatar situações em que, não obstante a existência de um forte sistema normativo nacional de proteção aos consumidores, estes se veem reféns das imposições feitas por eventos internacionais, os quais exigem a suspensão de uma série de leis protetoras como requisito para que um país se qualifique como sede.

Com auxílio do exemplo do ocorrido na Copa do Mundo de 2014, pode-se demonstrar um caso concreto em que um evento internacional de grandes dimensões, que atrai bastante movimento turístico nacional e estrangeiro, acarretou a diminuição dos direitos de seus espectadores (consumidores), por pressões de órgãos, federações e entes com bastante poder político, motivados pela busca de lucro a todo custo.

Por ser realizado no Brasil, a aplicabilidade de normas como o Código de Defesa do Consumidor, por exemplo, seria um incentivo e uma segurança a mais para os torcedores que possuíam interesse em assistir ao evento *in loco* e, por consequência, aumentar a visita de turistas nas cidades-sedes[456] durante o referido evento internacional.

O Código de Defesa do Consumidor é uma das mais fortes e completas normas de proteção aos consumidores do mundo e, talvez, sob uma tutela tão forte, se poderia atenuar parte da mídia internacional negativa que o país detêm, como as tentativas de golpes contra estrangeiros, violência, entre outras, ao passo que também seria uma oportunidade para o consumidor brasileiro desfrutar de um evento dessa dimensão em seu próprio país, sob a vigência de normas que já lhe são familiares.

Os eventos organizados pela Federação Internacional de Futebol (FIFA), mais especificamente a Copa das Confederações, realizada entre os dias 15 e 30 de junho de 2013, e a Copa do Mundo, entre os dias 12 de junho e 13 de julho de 2014, violaram vários direitos dos consumidores, a começar pela impossibilidade de aplicação do Código de Defesa do Consumidor, que foi substituído pela Lei Geral da Copa (Lei nº 12.663/2012), que suprimiu uma série de direitos e garantias anteriormente previstos.

[456] Aumento do turismo nas cidades-sedes de forma direta, e de forma indireta nas cidades próximas e vizinhas.

Como um panorama geral, cabe esclarecer que ao longo dos anos e da evolução dos esportes criou-se a consciência de que seu público, espectadores e torcedores, deveriam usufruir de condições adequadas para acompanhá-los, afinal, eram eles que financiavam os eventos, mediante o pagamento para ter acesso aos locais onde eram realizadas as competições.

Diante da necessidade de efetuar pagamento para usufruir do entretenimento ofertado, os torcedores assumem a condição de consumidores, com todos os seus direitos e proteções. Em 1985, com o advento da Resolução nº 39 da ONU e a inserção dos direitos do consumidor no rol de direitos humanos, e a consequente determinação aos Estados-membros para que fossem formuladas políticas públicas que visassem a sua proteção, o processo de aprimoramento das condições oferecidas ao público de eventos esportivos intensificou-se.

Outros documentos internacionais[457] surgiram para assegurar a proteção dos desportos e de seus consumidores. Foram estabelecidas regras para preservar sua saúde e segurança, além de assegurar o fornecimento de informações adequadas para capacitá-los a fazerem escolhas acertadas de acordo com suas necessidades e desejos.

Os torcedores passaram a questionar e denunciar condições inadequadas das instalações físicas utilizadas para os eventos esportivos, bem como a qualificação dos profissionais responsáveis por garantir a sua segurança e ou prestar informações seguras e claras sobre os certames esportivos.[458]

A Lei Geral da Copa, por sua vez, seguiu caminho oposto a essas diretrizes. Tornou sem efeito muitos direitos previstos no Estatuto do Torcedor, uma espécie de código de defesa do consumidor voltado aos torcedores esportivos, especialmente os de futebol.[459] Permitiu à FIFA,

[457] Caso da Resolução nº 58/2005 da ONU, que enunciou o desporto como forma de promover a educação, a saúde, o desenvolvimento e a paz, e da Carta Europeia do Desporto, de 1992, que adotou princípios fundamentais para servirem de sustentáculo para as políticas governamentais a eles ligadas.

[458] SILVA, Joseane Suzart Lopes da. Lei Geral da Copa e o Direito do Torcedor Consumidor: violação aos ditames constitucionais e legais. *Revista de Direito do Consumidor*, São Paulo: Revista dos Tribunais, v. 85, p. 118-121, jan./-fev. 2013.

[459] CAMPOS, Priscila Augusta Ferreira; MELO, Marcos de Abreu; ABRAHÃO, Bruno Otávio de Lacerda; SILVA, Silvio Ricardo da. As determinações do Estatuto de Defesa do Torcedor

por exemplo, alterar a data de um jogo a qualquer momento, sem prévio aviso (o Estatuto do Torcedor obriga a entidade organizadora confirmar o evento com antecedência mínima de 48 horas),[460] deixando os torcedores em total desamparo.[461] Foi permitida também a venda de bebidas alcoólicas, mesmo após a ocorrência de diversos casos de violência em estádios, muitos deles impulsionados pelo consumo de álcool.[462]

Autorizou, ainda, a venda casada de produtos e serviços, impôs determinações que geraram desequilíbrio concorrencial, instituiu regras e restrições sobre o comércio e a publicidade nas áreas dos eventos,[463] sobre a venda de ingressos,[464] entre uma série de outras determinações que são combatidas pela legislação brasileira vigente,[465] que favoreceram apenas a Federação Internacional, em detrimento dos consumidores.[466]

sobre a questão da violência: a segurança do torcedor de futebol na apreciação do espetáculo esportivo. *Revista Brasileira de Ciências do Esporte,* Florianópolis, SC, v. 30, nº 1, p. 19-21, set./2008. Disponível em: <http://oldarchive.rbceonline.org.br/index.php/RBCE/article/view/188/195>. Acesso em: 21 out. 2016.

460 Simão, Calil. *Estatuto de Defesa do Torcedor comentado.* São Paulo: JH Mizuno, 2011, p. 49.

461 Diário do Nordeste. *Lei da Copa vai de encontro ao CDC.* Fortaleza, 29 mai. 2013. Disponível em: <http://diariodonordeste.globo.com/materia.asp?codigo=1273013>. Acesso em: 10 nov. 2016.

462 Campos, Priscila Augusta Ferreira; Melo, Marcos de Abreu; Abrahão, Bruno Otávio de Lacerda; Silva, Silvio Ricardo da. As determinações do Estatuto de Defesa do Torcedor sobre a questão da violência: a segurança do torcedor de futebol na apreciação do espetáculo esportivo. *Revista Brasileira de Ciências do Esporte,* Florianópolis, SC, v. 30, nº 1, p. 19-21, set./2008. Disponível em: <http://oldarchive.rbceonline.org.br/index.php/RBCE/article/view/188/195>. Acesso em: 21 out. 2016.

463 A concessão de benesses exclusivas para a Fifa inviabilizou a atuação de outros fornecedores, locais ou estrangeiros, que tivessem o interesse de desenvolver suas atividades comerciais, o que gerou o monopólio da oferta de produtos e serviços.

464 Todas as regras de compra, devolução, reembolso e cancelamento de ingressos foram estipuladas pela Fifa, sendo-lhe permitida a alteração unilateral destas, sem prévio aviso, mesmo após a aquisição dos bilhetes por parte dos torcedores, o que ofende a boa-fé objetiva, que obrigatoriamente deve estar presente nos contratos de consumo.

465 Afastada pelo prazo de vigência da Lei nº 12.663/2012.

466 Silva, Joseane Suzart Lopes da. Lei Geral da Copa e o Direito do Torcedor Consumidor: violação aos ditames constitucionais e legais. *Revista de Direito do Consumidor,* São Paulo: Revista dos Tribunais, v. 85, p. 129-132, jan./-fev. 2013.

Além disso, a própria FIFA estipulou os preços (abusivos[467]) dos produtos previamente, sem possibilitar qualquer concorrência de marcas, não permitindo aos torcedores que exercessem seu direito de escolha ou de barganha. Realizou limitações à meia-entrada, retirou-se a obrigação de publicar no *site* da entidade responsável informações relevantes, como a tabela da competição, a íntegra do regulamento e, principalmente, o nome e as formas de contato com o ouvidor da competição.[468]

Não suficiente, não possibilitou aos torcedores a escolha dos assentos de onde gostariam de assistir aos jogos, mesmo sendo numerados. Coube à entidade máxima do futebol, com o uso de critérios arbitrários e abstratos, a escolha dos assentos dos torcedores, com o favorecimento de representantes de seus patrocinadores e o desprestígio aos torcedores em geral.

Os torcedores que compraram ingressos nos setores mais caros, denominados 1 e 2, foram acomodados em assentos localizados na parte superior do estádio, sob o argumento da utilização do critério da visibilidade para a definição dos melhores lugares, enquanto nos assentos mais próximos ao campo foram acomodados, em sua maioria, membros e funcionários das empresas patrocinadoras do evento.

Demonstrados todos esses abusos, deve-se lembrar que as normas de direito do consumidor foram suspensas e, com elas, todos os benefícios e ferramentas que visam equilibrar a relação de consumo ou, ao menos, diminuir as vantagens e a superioridade dos fornecedores diante dos consumidores.

O que torna essa situação mais alarmante é o fato de que esse não foi o primeiro caso, e muito provavelmente não será o último, em que pressões de empresas estrangeiras alteram normas voltadas aos consumidores. Outro exemplo ocorreu no ano de 2003, no Grande Prêmio do Brasil de Fórmula 1, realizado anualmente no Autódromo José Carlos Pace (Autódromo de Interlagos) na cidade de São Paulo. O evento conta

[467] Cervejas nacionais custavam R$ 9 (nove reais) e importadas R$ 12 (doze reais), bebidas não alcoólicas, R$ 6 (seis reais) e cachorro-quente, R$ 8 (oito reais).

[468] UOL. *Direitos do consumidor na Copa das Confederações e outros eventos*. São Paulo, 24 jun. 2013. Disponível em: <http://consumidormoderno.uol.com.br/index.php/defesa-do-consumidor/item/948-direitos-do-consumidor-na-copa-das-confederacoes-e-outros-eventos>. Acesso em: 30 ago. 2015.

com grande popularidade, sendo capaz de elevar os índices e os números do turismo na cidade, e, inclusive, de mudar uma lei brasileira.

Depois das vedações às publicidades de produtos fumígenos impostas na Europa, local da maior parte das corridas da temporada, a Fórmula 1 se viu diante de uma forte crise financeira, perdendo seus principais patrocinadores. A organização se aproveitou do poder econômico para impor, como condição à realização de corridas em países fora do eixo europeu, a autorização das publicidades de cigarros, independentemente da existência de leis nacionais que as vedassem, como estratégia para atrair novamente os investimentos e patrocínios dessa indústria.[469]

A cidade de São Paulo sofreu um ultimato da principal categoria de automobilismo mundial, colocando em risco a realização da corrida (e todos os efeitos econômicos que ela implica), uma vez que vigia no país lei que proibia as publicidades de tabaco em eventos esportivos, qual seja, a Lei nº 9.294/1996, legitimada pelo artigo 220 da Constituição Federal.

No intuito de assegurar o evento, garantindo a movimentação econômica que o turismo traria à cidade e ao país, o então Presidente da República, Luiz Inácio Lula da Silva, bem como, à época, os Ministros do Esporte e da Saúde, respectivamente, Agnelo Queiroz e Humberto Costa, apoiados pelo Ministro do Turismo, Walfrido Mares Guia, assinaram a Medida Provisória nº 118/2003, que permitiu, até o ano de 2005, a realização de publicidades tabagistas em eventos esportivos internacionais.[470]

Percebe-se que o interesse econômico é capaz de se sobrepor às leis e até mesmo à Constituição Federal, alterando, diminuindo ou suspendendo facilmente seus efeitos, com o uso de instrumentos e ferramentas como as medidas provisórias. Aos fornecedores estrangeiros foi concedida uma série de benefícios e incentivos por parte do Estado, mas em

[469] TIVERON, Raquel. Sinal de fumaça à frente: a codependência de indivíduos e governos em relação ao cigarro. *Revista de informação legislativa*, v. 48, nº 192, p. 113-115, out./-dez. 2011. Disponível em: <http://www2.senado.leg.br/bdsf/item/id/242933>. Acesso em: 21 out. 2016.

[470] Folha de São Paulo. *Liberação de propaganda de cigarro na Fórmula 1 gera polêmica*. São Paulo, 5 abr. 2004. Disponível em: <http://www.riosvivos.org.br/Noticia/Liberacao+de+propaganda+cigarro+na+Formula+1+gera+polemica/1001> Acesso em: 10 nov. 2016.

momento algum exigiram-se padrões ou critérios de proteção, qualidade e segurança na comercialização dos seus produtos e serviços similares aos exigidos dos fornecedores nacionais.

Eventos internacionais dispõem de grande atratividade e movimentam o mercado turístico em praticamente todos os seus setores. Contudo, caso sejam realizados em países suscetíveis a pressões estrangeiras, mesmo diante da existência de fortes normas de proteção no país-sede, há a possibilidade do alargamento do desequilíbrio nas relações de consumo, com especial atenção ao aumento da vulnerabilidade daqueles consumidores que estejam na condição de turistas em país estrangeiro, em relação aos quais se deve assegurar e oportunizar o acesso ao Judiciário, a celeridade em suas demandas e a adequada reparação dos danos que, porventura, venham a sofrer.

4.8. Os Consumidores Turistas em País Estrangeiro

Em uma relação de consumo, por mais que se espere a obediência e o cumprimento de direitos e deveres, como os referentes à boa-fé, lealdade, clareza nas informações prestadas, qualidade e segurança nos produtos e serviços adquiridos, os turistas, consumidores que são, estão suscetíveis às mais variadas manobras do mercado, as quais lhes geram danos e prejuízos.

Essas manobras podem ser praticadas intencionalmente (ausência de boa-fé ou assunção dos riscos pelo uso de insumos de pouca qualidade ou profissionais não especializados) ou de modo fortuito (risco da atividade comercial, produção em massa, defeitos que podem surgir no produto ou serviço).

Os novos problemas de consumo surgem de modo proporcional ao crescimento das novas tecnologias e formas de inclusão social. O Direito do Consumidor, por sua vez, deve estar igualmente atualizado e dar soluções aos mais variados casos concretos. Os problemas mais comuns no mercado moderno são os produtos e serviços defeituosos, a informação deficiente, a publicidade enganosa e abusiva, os métodos agressivos e informatizados de oferta, formas inadequadas ou não efetivas de reparação de danos, entre outros.[471]

[471] SANTANA, Héctor Valverde; VIAL, Sophia Martini. Proteção internacional do consumidor e cooperação interjurisdicional. *Revista de Direito Internacional*, v. 13, nº 1, p. 403, 2016.

Restabelecer o equilíbrio entre as partes que compõem uma relação de consumo internacional é o grande desafio a ser enfrentado. Trata-se de objetivo que segue a tendência do Direito contemporâneo, a de resguardar e proteger os mais fracos, vulneráveis, em respeito também aos direitos humanos, sob uma análise mais ampla e geral.

O conceito de igualdade (equilíbrio), ou melhor, a renovação da definição desse conceito, dentro de uma sociedade tão complexa como a atual, é objeto de estudos do Direito pós-moderno. Busca-se uma reconceituação das noções de igualdade, a partir da ideia de proteção à dignidade da pessoa humana.[472]

Quando aplicável às relações decorrentes de atividade turística, mais especificamente, de turismo internacional, o Direito do Consumidor necessita de aperfeiçoamentos em relação à necessidade de maior clareza quanto às normas cabíveis, se as nacionais ou as resultantes de tratos internacionais,[473] bem como de unificação de uma proteção mínima a ser estabelecida internacionalmente.[474]

Ao tratar das relações de consumo quando o turista se encontra em país estrangeiro, deve-se fazer uma análise ainda mais profunda sobre sua condição de vulnerabilidade. As pesquisas e estudos voltados a apresentar soluções que sejam efetivas, dinâmicas e extensíveis aos casos concretos devem levar em consideração fatores e situações peculiares dessas relações de consumo, com cuidados para que o equilíbrio entre as partes prevaleça, ou esteja o mais próximo possível dos critérios de igualdade estabelecidos.

Diante da falta de continuidade no consumo internacional, da difícil (ou da impossibilidade de) reexecução de um serviço, da barreira linguística, das diferenças nas legislações internas, entre vários outros fatores, a vulnerabilidade desses consumidores (turistas em país estran-

472 SANTANA, Héctor Valverde; VIAL, Sophia Martini. Proteção internacional do consumidor e cooperação interjurisdicional. *Revista de Direito Internacional*, v. 13, nº 1, p. 404, 2016.

473 Como exemplo, pode-se citar a existência de divergências em relação à aplicação, em demandas ajuizadas no Brasil, do Código de Defesa do Consumidor ou das Convenções Internacionais de Varsóvia (1931), Haia (1955), Guatemala (1971) e Montreal (1999), as quais limitam as situações cabíveis e os valores indenizáveis em decorrência de contratos de transporte aéreo internacional.

474 MARQUES, Claudia Lima. *Contratos no Código de Defesa do Consumidor: o novo regime das relações contratuais*. 8ª ed. São Paulo: Revista dos Tribunais, 2016, p. 511-512.

geiro) é agravada. É importante, portanto, encontrar métodos e meios para reequilibrar a relação de consumo, assegurando que nenhuma das partes envolvidas obtenha vantagem desproporcional.[475]

4.8.1. A Hipervulnerabilidade do Consumidor Turista Estrangeiro

Com base nos textos das resoluções, normas e diretrizes internacionais, bem como na nova tendência global de dar a interpretação e proteção mais adequada aos mais fracos e vulneráveis, percebe-se que o que se busca são formas de garantir que ao menos um mínimo de proteção seja assegurado, mínimo esse que deve conter os direitos básicos dos consumidores, de proteções pessoais (dignidade da pessoa humana), econômicas e jurídicas (proteção normativa e possibilidade de acesso ao judiciário).

O consumidor turista, quando em país estrangeiro, possui uma vulnerabilidade diferenciada, aumentada. Enfrenta barreiras que se tornam muito difíceis de transpor e que, a depender do caso, podem levar a danos (pessoais ou financeiros) e ao cerceamento de acesso à justiça, dificultando ou impossibilitando a sua reparação.

Os fornecedores cuja pretensão seja a obtenção de lucro a qualquer custo se aproveitam desse estado de fraqueza e da ignorância dos turistas para obter vantagens indevidas, cobrar-lhes preços abusivos, por exemplo, haja vista que, em decorrência da transitoriedade, do curto período de estadia no local, são poucas as chances de os turistas buscarem reparações ou indenizações por danos sofridos. Os fornecedores conseguem, desse modo, escapar de uma responsabilização futura.

Em respeito às diretrizes e determinações presentes em uma série de documentos internacionais, entre eles a Resolução nº 39/248 da Organização das Nações Unidas, cria-se a necessidade de proteção aos turistas em país estrangeiro, indivíduos que devem ser tutelados não apenas por sua condição de consumidores, mas também por todo o relevante impacto que geram na economia, no mercado e nas vidas dos cidadãos dos locais que visitam.

Muito se tem estudado e debatido sobre soluções para diminuir o desequilíbrio na relação de consumo, desfavorável ao consumidor

475 SANTANA, Héctor Valverde; VIAL, Sophia Martini. Proteção internacional do consumidor e cooperação interjurisdicional. *Revista de Direito Internacional*, v. 13, nº 1, p. 405, 2016.

estrangeiro. A proposta que atualmente está sob a análise de importantes organizações intergovernamentais é a que determina a cooperação internacional entre Estados, entes públicos e privados, sociedade civil, entre outros agentes, nos âmbitos administrativo e judicial.

Outra forma de solucionar (ou atenuar) a disparidade existente nas relações de consumo internacionais é a equiparação dos consumidores (turistas estrangeiros) à condição de hipervulneráveis. A ideia, contudo, está em um estágio inicial de debates e estudos, e aparece, por ora, apenas nas academias e em uma pequena parte da doutrina. Ainda não há grande destaque no âmbito das entidades intergovernamentais, tal como ocorre no tocante à proposta de cooperação internacional.

No Brasil, o artigo 39, inciso IV, do Código de Defesa do Consumidor determina ser vedado aos fornecedores se aproveitar dos consumidores em razão de sua fraqueza ou ignorância, sejam elas decorrentes da idade, saúde, conhecimento ou condição social. Esses consumidores são considerados hipervulneráveis, em decorrência da redução de suas possibilidades de defesa.[476]

Dentro do grupo dos hipervulneráveis, pode-se incluir os idosos (idade), as crianças (idade), as pessoas portadoras de necessidades especiais (saúde), os deficientes mentais (saúde), os analfabetos e semianalfabetos (conhecimento), os enfermos (saúde), as pessoas sensíveis ao consumo de certos produtos, ou seja, qualquer pessoa que se revele mais fraca que o consumidor padrão, diante de sua especial condição física ou psíquica.[477]

Para o mercado, os hipervulneráveis são vítimas mais fáceis que os "consumidores médios", pois são mais suscetíveis às estratégias dos fornecedores e guardam maiores dificuldades no seu processo de análise do produto ou serviço, sejam estas voltadas aos seus aspectos e especificidades, ou em relação ao processo de tomada de decisões na compra, a avaliação da necessidade de adquiri-lo ou não.

[476] BRASIL. Superior Tribunal de Justiça. Recurso Especial nº 586.316/MG. Min. Herman Benjamin. Julgado em 17.04.2007.

[477] GUGLINSKI, Vitor. *Breves linhas sobre a hipervulnerabilidade do consumidor-turista*. Disponível em: <http://vitorgug.jusbrasil.com.br/artigos/185480810/breves-linhas-sobre-a-hipervulnerabilidade-do-consumidor-turista>. Acesso em: 23 out. 2016.

O turista estrangeiro, por se encontrar fora do local onde vive, fica mais exposto às práticas comerciais que, em sua maioria, lhe são estranhas, com regras e costumes diversos dos praticados em seu país. O turista se encontra em um ambiente diferente do que está acostumado e, por isso, torna-se mais difícil se proteger (e identificar) de práticas abusivas, principalmente em decorrência de divergências quanto à língua falada, o que gera graves problemas de comunicação e informação entre consumidores e fornecedores.[478]

A maioria dos turistas é composta por pessoas que, em seu país de residência, são qualificadas como consumidores comuns (padrão). Ao viajar para o exterior, ocorrem alterações no estado anímico do turista, em suas percepções e nos critérios de confiança e abertura (até mesmo ansiedade) para experimentar produtos e serviços diferentes, o que, de fato, concretiza uma troca intercultural que compõe a experiência turística.

Ficam mais vulneráveis, mais suscetíveis ao mercado. Surge uma vulnerabilidade diferenciada, tal qual a dos hipervulneráveis elencados. Sua fraqueza ou ignorância é configurada com base nessa nova e inesperada condição psíquica, somada a uma série de outros fatores, tais como a transitoriedade, os impulsos de consumo e as dificuldades de comunicação.

O consumidor turista não percebe essa alteração e crê que, ao analisar sobre a necessidade ou não de um produto ou serviço, se sua aquisição se enquadra dentro de sua condição financeira, conserva os mesmos critérios racionais de tomada de decisões de quando está em seu ambiente típico, quando negocia com um mercado que lhe é familiar e ao qual está acostumado.[479]

Por vezes, o caráter transitório dos turistas no país estrangeiro faz com que alguns produtos percam boa parte de seu prazo de garantia, pois nem todos os fornecedores estrangeiros, após o retorno do consumidor turista para seu país de origem, oportunizam ou disponibilizam

[478] GUGLINSKI, Vitor. *Breves linhas sobre a hipervulnerabilidade do consumidor-turista*. Disponível em: <http://vitorgug.jusbrasil.com.br/artigos/185480810/breves-linhas-sobre-a-hipervulnerabilidade-do-consumidor-turista>. Acesso em: 23 out. 2016.

[479] SOARES, Ardyllis Alves. A tutela internacional do consumidor turista. *Revista de Direito do Consumidor*, v. 82, p. 122, abr./-jun. 2012.

mecanismos que facilitem, ou tornem viáveis, a realização de troca, reembolso ou devolução de produtos que apresentem defeitos dentro do prazo de garantia. O consumidor possui apenas o período de estadia para realizar os testes de uso nos produtos adquiridos.[480]

Os produtos ou serviços adquirem também *status* de "oportunidade única de aquisição", de recordação da viagem, e se tornam parte importante da experiência turística. Muitas viagens, inclusive, são realizadas com objetivo exclusivo de se praticar o consumo, na busca por mercadorias (novidades no mercado) e serviços (experiência únicas) diversos dos encontrados em seu país ou a preços mais atrativos (por motivo de um regime tributário mais brando, por exemplo).

A transitoriedade dos turistas, a exclusividade ou a atratividade dos preços dos produtos e serviços do mercado estrangeiro estimulam os impulsos de consumo, os quais são fomentados também pelas publicidades, pelo *marketing* agressivo e pelas estratégias de mercado dos fornecedores.[481]

Os turistas, em virtude do seu estado anímico alterado, mais desatentos e despreocupados durante a viagem (momento de descontração), se veem diante de uma situação na qual portam pouca experiência. Por mais que não possuam a sensação de segurança, como quando estão no seu país de origem,[482] o estado anímico alterado, a condição psíquica proporcionada pelo relaxamento natural do viajante e todo um conjunto de estratégias de mercado fazem com que eles se sintam estimulados a consumir.[483]

Mesmo após consultas a *websites* especializados, os consumidores estrangeiros não detêm conhecimentos suficientes em relação a quais marcas confiar, quais estabelecimentos vendem produtos de qualidade,

[480] Guglinski, Vitor. *Breves linhas sobre a hipervulnerabilidade do consumidor-turista.* Disponível em: <http://vitorgug.jusbrasil.com.br/artigos/185480810/breves-linhas-sobre-a-hipervulnerabilidade-do-consumidor-turista>. Acesso em: 23 out. 2016.

[481] Soares, Ardyllis Alves. A tutela internacional do consumidor turista. *Revista de Direito do Consumidor*, v. 82, p. 122, abr./-jun. 2012.

[482] Por conhecerem as normas jurídicas, as formas de negociação, os hábitos e costumes do mercado, a língua falada, entre outros fatores.

[483] Soares, Ardyllis Alves. A tutela internacional do consumidor turista. *Revista de Direito do Consumidor*, v. 82, p. 122, abr./-jun. 2012.

se são originais ou não, seguros ou perigosos, os costumes de mercado do lugar.

Cada expectativa de qualidade e durabilidade do produto, ou do resultado dos serviços prestados, vai variar conforme os critérios pessoais e as pretensões específicas do turista, o que agrada a um indivíduo não vai ser necessariamente o que vai agradar a outro, principalmente quando de países diferentes.

As informações prestadas nos *websites* podem ser úteis em boa parte das vezes, porém não garantem ou evitam que os turistas sofram danos ou frustrações em suas pretensões, com o risco, inclusive, de lhes gerar confusão diante do excesso de informações disponibilizadas. Há ainda o pouco conhecimento da língua falada e escrita, que é capaz de acarretar a prestação de informações equivocadas ou mesmo confundir os consumidores.

Esses mecanismos tampouco possuem condições de assegurar que os consumidores estrangeiros sejam indenizados pelos danos sofridos. Servem apenas como inibidores para que consumidores futuros ou potenciais frequentem o estabelecimento comercial e consumam seus produtos e serviços, o que, por consequência, causaria prejuízos futuros aos fornecedores.

Os *websites* e fóruns *on-line* funcionam como uma "sanção indireta", que é futura e incerta, pois não há garantias de que os consumidores ficarão, de fato, inibidos de consumir os produtos ou serviços do fornecedor infrator, ao passo que não asseguram a reparação dos danos cometidos. Há o risco da falta de efetividade concreta e, por isso, não há a segurança de que o fornecedor cessará com a prática da conduta ilícita ou abusiva (reiteração).

No âmbito internacional, qualquer problema ou dano que o consumidor venha a enfrentar, ou possa vir a sofrer, toma dimensões ainda maiores. Com a despersonalização das relações contratuais e os métodos de contratação estandardizados (contratos de adesão, por exemplo), dificulta-se o processo de negociação antes da aquisição do bem pretendido.

Cabe ao consumidor estrangeiro anuir com as cláusulas e condições gerais estipuladas, as quais, ressalte-se, estão em língua estrangeira, o que obstaculiza ainda mais a sua análise do contrato. É obrigado a confiar na boa-fé e na ética do fornecedor, nem sempre presentes nas relações de consumo internacionais, bem como na existência de uma eficiente proteção por parte das normas e do Estado, por vezes insuficientes.[484]

Os consumidores estrangeiros são influenciados por métodos agressivos de *marketing*, que se valem de promessas de preços reduzidos, do senso de aventura dos turistas ou da sua própria ignorância no tocante às dificuldades nas transações internacionais. Muitos turistas assumem a prática do consumo como uma das principais atividades a se realizar em uma viagem.

Os contratos internacionais de consumo são imediatos e a relação entre consumidores e fornecedores é breve, duram o período de estadia do turista na localidade. Exige-se, mais uma vez, que o consumidor deposite sua confiança na expectativa de uma boa conduta por parte dos fornecedores, pois não há tempo hábil para que possa fazer uma análise crítica em relação a seus produtos e serviços, nem de conhecê-los.

A privação de conhecimento sobre com quem se está contratando leva ao temor quanto à falta de segurança dos consumidores no momento do pagamento de suas aquisições. Não se sabe se o fornecedor é pessoa idônea. Ao pagar as compras com cartão de crédito e fornecer informações para o preenchimento de cadastros ou formulários equivalentes, corre-se o risco de que seus dados pessoais e bancários sejam disponibilizados indiscriminadamente, o que pode gerar danos futuros.

Outra característica do consumo internacional é a dificuldade de se prestar informações adequadas ao consumidor. A língua diferente é uma barreira que atrapalha o processo de informação sobre os produtos e serviços (manual de instruções, por exemplo).[485]

Ao não prestar informações adequadas, entenda-se, sobre preço, qualidade, riscos, câmbio da moeda, condições de pagamento e de garantia, entre outras relevantes informações sobre os produtos e serviços ofertados, expõe-se os consumidores a uma condição de grande vulnerabilidade. Surgem consideráveis riscos de danos econômicos e até mesmo da sua intergridade física, sua saúde.

Importante destacar que, diante de todas essas dificuldades, há também adversidades para ingressar com demanda judicial no exterior.

[484] SOARES, Ardyllis Alves. A tutela internacional do consumidor turista. *Revista de Direito do Consumidor*, v. 82, p. 185-186, abr./-jun. 2012.

[485] SOARES, Ardyllis Alves. A tutela internacional do consumidor turista. *Revista de Direito do Consumidor*, v. 82, p. 186-188, abr./-jun. 2012.

O alto custo envolvido para sustentar um litígio que tramita no exterior, somado ao desconhecimento sobre as normas e procedimentos legais para tanto, dificulta o acesso dos consumidores estrangeiros tanto na via judicial quanto na administrativa.[486]

Mesmo quando o turista estrangeiro possui condições e conhecimentos suficientes para ingressar com demanda judicial (ou administrativa) em país estrangeiro, ele está sujeito a se resguardar mediante um ordenamento jurídico interno de baixa proteção[487] ou, quando fortes as proteções, há também o risco de aplicação de normas internacionais (Convenção de Varsóvia, por exemplo) que limitam as situações em que indenizações são cabíveis e estipulam valor máximo a ser indenizado, o qual pode ser inferior ao dano efetivamente experimentado.[488]

Os consumidores estrangeiros são alvos mais fáceis para os fornecedores locais, pois estão mais suscetíveis a serem enganados, a se frustrarem e terem uma série de direitos violados (à informação precisa e clara, por exemplo). A vulnerabilidade aumentada, nessas condições, é possível equipará-los aos sujeitos hipervulneráveis.

A vulnerabilidade agravada das crianças é reconhecida como consequência de sua imaturidade intelectual, que os torna indivíduos mais influenciáveis do que os adultos.[489] Os idosos, por sua vez, são hipervulneráveis, pois, nessa fase da vida, há a perda ou diminuição de aptidões intelectuais, deixando-os mais suscetíveis à atuação negocial dos fornecedores.[490] Os turistas estrangeiros, quando em viagem, apresentam

[486] SOARES, Ardyllis Alves. A tutela internacional do consumidor turista. *Revista de Direito do Consumidor*, v. 82, p. 186-190, abr./-jun. 2012.

[487] O ordenamento jurídico do local onde ocorrer o ingresso de demanda judicial, ou administrativa, pode não possuir normas suficientemente fortes ou eficientes para proteger direitos considerados como básicos ou mínimos dos consumidores, o que é favorável aos fornecedores.

[488] MARQUES, Claudia Lima. *Contratos no Código de Defesa do Consumidor: o novo regime das relações contratuais*. 8ª ed. São Paulo: Revista dos Tribunais, 2016, p. 511-512.

[489] GAUDENCIO, Aldo Cesar Filgueiras. *Da vulnerabilidade à hipervulnerabilidade: proteção contratual dos consumidores nos direitos da União Européia, Portugal e Brasil*. Coimbra, 2015, p. 102-105. Disponível em: <http://hdl.handle.net/10316/30146>. Acesso em: 30 set. 2016.

[490] GAUDENCIO, Aldo Cesar Filgueiras. *Da vulnerabilidade à hipervulnerabilidade: proteção contratual dos consumidores nos direitos da União Européia, Portugal e Brasil*. Coimbra, 2015, p. 108. Disponível em: <http://hdl.handle.net/10316/30146>. Acesso em: 30 set. 2016.

alterações no seu estado anímico, pois mais relaxados e distraídos do que quando estão em seu local de residência.

A condição anímica alterada, as dificuldades de comunicação, informação, acesso à justiça e as agressivas estratégias de *marketing* e de oferta de produtos e serviços praticadas pelos fornecedores são suficientes para se concluir que há o aumento da vulnerabilidade dos turistas estrangeiros. Torna-se possível equiparar essa condição de fragilidade, o nível de influenciação e a redução da capacidade negocial aos das crianças e dos idosos, por exemplo, dentro das peculiaridades que envolvem cada um dos sujeitos e os respectivos casos concretos.[491]

Ao se reconhecer a hipervulnerabilidade dos turistas estrangeiros, as Cortes judiciais passam a demonstrar maior sensibilidade quanto à proteção do indivíduo mais frágil, com equidade e respeito à dignidade da pessoa humana, o que será refletido na análise das demandas e dos casos concretos.

Será exigido dos fornecedores que conheçam essa condição de vulnerabilidade agravada e redobrem seu dever de cuidado com os direitos desses consumidores especiais, seja pela sua fragilidade, seja por todo o impacto (positivo ou negativo) que podem gerar na localidade visitada.[492]

Deve-se levar em consideração que mesmo as crianças, as pessoas portadoras de necessidades especiais, os deficientes mentais, os analfabetos e semianalfabetos, os enfermos e todos os demais exemplos clássicos de hipervulneráveis (de forma clara e objetiva) também podem se tornar turistas internacionais e enfrentar os mesmos problemas.

Vale menção especial aos idosos, os quais, conforme visto, abrangem parcela considerável nos números referentes ao turismo moderno, inclusive com atrações, atividades e pacotes turísticos exclusivamente destinados a eles, o que demonstra sua importância nesse mercado.

Há que se considerar que, dependendo do local para onde viajam e, por consequência, onde consomem, existe a chance de não serem reco-

[491] Gaudencio, Aldo Cesar Filgueiras. *Da vulnerabilidade à hipervulnerabilidade: proteção contratual dos consumidores nos direitos da União Européia, Portugal e Brasil.* Coimbra, 2015, p. 102-105. Disponível em: <http://hdl.handle.net/10316/30146>. Acesso em: 30 set. 2016.

[492] Marques, Claudia Lima. *Contratos no Código de Defesa do Consumidor: o novo regime das relações contratuais.* 8ª ed. São Paulo: Revista dos Tribunais, 2016, p. 368-371.

nhecidos como hipervulneráveis, perdendo determinados privilégios e direitos perante os fornecedores.

A vulnerabilidade agravada passa a ser desconsiderada, e esses consumidores especiais são tratados como consumidores regulares, diminuindo os critérios de exigência e cuidado que se espera dos fornecedores em contratações com consumidores hipervulneráveis. Os fornecedores ficam em condições ainda mais favoráveis, somando-se ainda as dificuldades de acesso ao judiciário no estrangeiro, o que os torna mais confortáveis para levar vantagem em uma negociação.

São necessários o respeito e a proteção aos consumidores turistas. Estes são os responsáveis diretos pela economia de muitas localidades e até mesmo países. Qualquer experiência desagradável que um turista venha a sofrer pode causar prejuízos graves às populações que dependem economicamente do turismo, o que se reflete nas demais atividades a ele conexas.

É preciso seguir a tendência global de se estabelecer o equilíbrio nas relações jurídicas, com equidade e igualdade, mediante ações afirmativas (discriminação positiva, por exemplo), para que os mais frágeis e vulneráveis possam ser resguardados diante da diferença de poder (econômico, técnico, entre outros) e dos privilégios que possuem determinados sujeitos, como é o caso dos fornecedores, em especial, quando a outra parte da relação contratual é composta por indivíduos com vulnerabilidade agravada.

4.8.2. Os Frutos da Discussão sobre a Proteção Internacional dos Consumidores

A Conferência das Nações Unidas em Comércio e Desenvolvimento (UNCTAD), nos dias 17 e 18 de outubro de 2016, promoveu, em Genebra, a Primeira Reunião do Grupo de Experts em Direito do Consumidor (IGE). O objetivo foi estabelecer um programa de trabalho em política do consumidor em âmbito global para o período de 2016 a 2020.

Estiveram presentes representantes de cerca de 70 países, além de representantes de organizações intergovernamentais, não governamentais, acadêmicos e representantes do setor privado. A criação do Grupo de Experts em Direito do Consumidor (IGE) é uma demonstração do reconhecimento de que, para se obter pleno desenvolvimento econômico mundial, é necessária uma adequada proteção aos consumidores, principais agentes de mercado.

A agenda da Primeira Reunião do Grupo de Experts em Direito do Consumidor incluiu debates sobre a revisão das diretrizes das Nações Unidas para a defesa do consumidor, aprovada em 2015, sobre estratégias eficazes para envolver os Estados, as empresas e os consumidores na busca pelo desenvolvimento sustentável, sobre os desafios da economia colaborativa e para se obter instituições eficazes na promoção da política consumerista.[493]

Questões que envolvem a inclusão digital nas relações de consumo e suas respectivas consequências também foram discutidas. Países como França, Índia e Costa Rica deixaram clara a sua preocupação com esse fenômeno (denominado como nova revolução no mercado), principalmente quanto às repercussões desse novo mundo digital nos serviços financeiros, comércio eletrônico, saúde e segurança dos consumidores, bem como em relação aos trabalhos de cooperação internacional e de economia colaborativa.

Aprovada a pauta para a Segunda Reunião do Grupo de Experts, deliberou-se que a Secretaria da UNCTAD teria como prioridade o preparo de relatórios e estudos referentes a dois temas específicos, a estrutura legal e institucional para proteção ao consumidor e o comércio eletrônico. Os Estados-membros da ONU definiram a data de 15 de março como o Dia Internacional dos Consumidores.[494]

Em paralelo à reunião promovida pela UNCTAC, ocorreu o lançamento da nova versão do *Manual das Nações Unidas para Proteção ao Consumidor* (com a atualização das diretrizes, em 2015). Trata-se de

[493] MARQUES, Claudia Lima; OLIVEIRA, Amanda Flávio de; CIPRIANO, Ana Cândida Muniz. *ONU acompanha evolução das relações de consumo em nível transnacional.* Consultor Jurídico, 26 out. 2016. Disponível em: <http://www.conjur.com.br/2016-out-26/garantias-consumo-onu-acompanha-evolucao-relacoes-consumo-nivel-transnacional>. Acesso em: 16 abr. 2017.

[494] MARQUES, Claudia Lima; OLIVEIRA, Amanda Flávio de; CIPRIANO, Ana Cândida Muniz. *ONU acompanha evolução das relações de consumo em nível transnacional.* Consultor Jurídico, 26 out. 2016. Disponível em: <http://www.conjur.com.br/2016-out-26/garantias-consumo-onu-acompanha-evolucao-relacoes-consumo-nivel-transnacional>. Acesso em: 16 abr. 2017.

documento de grande valor e de fácil acessibilidade[495] para os estudos do Direito do Consumidor.

Merece destaque a apresentação dos resultados do Programa Compal, projeto que, com apoio da Secretaria de Assuntos Econômicos da Suíça, presta assistência técnica nas áreas de concorrência e proteção aos consumidores para países como Argentina, Bolívia, Chile, Colômbia, Costa Rica, México, entre outros.[496]

Depois dos recentes e marcantes ataques terroristas, principalmente a cidades que são reconhecidamente destinos de um elevado número de turistas, como Paris e Nova Iorque, e das catástrofes naturais do Oeste Asiático, a academia, doutrinadores e organizações internacionais (Organização Mundial do Turismo, por exemplo) têm estudado formas de facilitar o repatriamento e a proteção aos turistas, com instrumentos que envolvem melhorias nos deveres de informação, cuidado e cooperação.[497]

Dão-se mostras de que o tema referente à proteção internacional aos consumidores e, por consequência, à proteção aos consumidores na condição de turistas em país estrangeiro, tem ganhado grande destaque e é um importante foco de análise e de estudos de órgãos e organizações internacionais, públicas e privadas, que buscam a cooperação mútua para garantir uma maior efetividade das proteções.

Renova-se a esperança de que os resultados de todos esses esforços contribuam para que a proteção dos consumidores ganhe ainda mais força, com a tutela dos diretos básicos desses sujeitos, vulneráveis perante o mercado, mas tão relevantes para o desenvolvimento de uma série de atividades e da economia de diversos países.

[495] Sua versão digital está disponível no *website* das Nações Unidas, no *link*: <http://unctad.org/en/PublicationsLibrary/webditcclp2016d1.pdf>.

[496] Marques, Claudia Lima; Oliveira, Amanda Flávio de; Cipriano, Ana Cândida Muniz. *ONU acompanha evolução das relações de consumo em nível transnacional.* Consultor Jurídico, 26 out. 2016. Disponível em: <http://www.conjur.com.br/2016-out-26/garantias-consumo-onu-acompanha-evolucao-relacoes-consumo-nivel-transnacional>. Acesso em: 16 abr. 2017.

[497] Marques, Claudia Lima. *Contratos no Código de Defesa do Consumidor: o novo regime das relações contratuais.* 8ª ed. São Paulo: Revista dos Tribunais, 2016, p. 520.

Conclusão

A globalização e a diminuição das distâncias são uma realidade e, com ela, constata-se a evolução da atividade econômica do turismo. Praticar atividades de consumo é inevitável e, por vezes, o ponto alto de uma viagem. Os turistas estrangeiros, em consequência de divergências culturais, linguísticas e do exíguo período de estadia ficam mais expostos que os consumidores locais às práticas ilícitas ou abusivas do mercado.

A maior vulnerabilidade dos turistas estrangeiros se dá por inúmeras razões. Além do fato de serem consumidores, o que já os enquadra na condição de vulneráveis, há que se considerar o seu estado anímico alterado (mais distraídos e relaxados), as dificuldades de comunicação com os fornecedores locais, as barreiras impostas pela língua e cultura diferentes, bem como incertezas em razão de sua tutela no âmbito internacional, com inseguranças e dificuldades de acesso às autoridades competentes, sejam elas judiciárias ou administrativas.

A defesa dos consumidores cabe a todos os agentes internacionais que buscam resguardar a dignidade humana. Estes devem se dedicar à produção de normas mais efetivas, ao estudo desse fenômeno e à fiscalização do mercado, com incentivos, principalmente, à integração e cooperação entre seus Estados-membros, em busca de uma tutela mais homogênea e abrangente, para que seja assegurado um mínimo de direitos e de proteção em âmbito internacional.

O consumidor turista, neste novo cenário global, de avanços tecnológicos e de maior competitividade de mercado, se diferencia do consumidor tradicional. Possui ferramentas e mecanismos para se precaver de potenciais danos. Em sua maioria, essas ferramentas e mecanismos (*websites*) são criados ou alimentados por informações prestadas pelos próprios turistas. Cabe dizer, contudo, que nem sempre essas informações serão confiáveis.

Não existem critérios ou análise de qualidade no tocante ao que é registrado nos *websites*. As exigências de qualidade, segurança e expectativas quanto ao produto ou ao serviço que será adquirido variam de turista para turista e não é possível fazer uma checagem prévia acerca da confiabilidade em relação ao indivíduo que presta as informações ou a sua veracidade. Por vezes, é possível que uma informação mal prestada induza os futuros turistas a equívocos ou cause-lhes confusão, o que aumenta as chances de erros e danos no consumo.

A existência de ferramentas que, mesmo com suas limitações, auxiliam na prevenção de danos de consumo não assegura que outras e novas práticas ilícitas do mercado de consumo, mais complexas e sofisticadas, surjam, se desenvolvam e venham a prejudicar os consumidores.

Também não garantem a efetiva reparação de um dano sofrido, há apenas uma "sanção indireta", em que os fornecedores podem vir a sofrer prejuízos como resultado da fuga de futuros ou potenciais consumidores (motivados pelas críticas de outros turistas) e que não os obriga legalmente a indenizar os danos causados.

É preciso que novas proteções sejam criadas para os casos em que os tradicionais métodos de proteção aos consumidores não possam ser aplicados, quando não conseguem abarcar o caso concreto ou dar a efetividade desejada (a exemplo do que ainda ocorre com turistas em países estrangeiros), com ações e medidas de caráter cooperativo e com transnacionalidade.[498]

Em conjunto com a cooperação internacional, sugere-se o enquadramento dos turistas estrangeiros à condição de hipervulneráveis. Enfrentam dificuldades peculiares, mais graves e difíceis de transpor do que as dos consumidores locais. Em muitos casos, as adversidades enfrentadas pelos turistas estrangeiros se assemelham às enfrentadas por indivíduos

[498] MARQUES, Claudia Lima; OLIVEIRA, Amanda Flávio de; CIPRIANO, Ana Cândida Muniz. *ONU acompanha evolução das relações de consumo em nível transnacional*. Consultor Jurídico, 26 out. 2016. Disponível em: <http://www.conjur.com.br/2016-out-26/garantias-consumo-onu-acompanha-evolucao-relacoes-consumo-nivel-transnacional>. Acesso em: 16 abr. 2017.

idosos, crianças ou enfermos, que, no Brasil, por exemplo, são considerados hipervulneráveis.

Percebe-se que a tutela internacional dos consumidores precisa estar em constante aperfeiçoamento, com destaque às situações que objetivem a tutela aos consumidores turistas estrangeiros, pois são mais vulneráveis. Deve-se trabalhar para que as lacunas normativas sejam preenchidas, de forma integrada, mediante debates, estudos e a concretização de normas internacionais efetivas, que garantam um mínimo de direitos, de modo uniforme e com cooperação internacional.

É muito animador que esta seja a tendência, conforme demonstrado pelos principais entes, órgão e organizações de direito internacional, todos com o objetivo de proporcionar o perfeito cumprimento dos direitos consumeristas e de proteger os indivíduos vulneráveis, para que assim seja restabelecido o equilíbrio nas relações de consumo, o que gera benefícios, mesmo que de forma indireta, a vários outros importantes setores, em especial, o do turismo.

REFERÊNCIAS

AMARANTE, Maria Cecília Nunes. *Justiça ou equidade nas relações de consumo*. Rio de Janeiro: Lumen Juris, 1998.

ARAUJO, Cíntia Möller. *Ética e qualidade no turismo do Brasil*. São Paulo: Atlas, 2003.

ATHENIENSE, Luciana Rodrigues. *A responsabilidade jurídica das agências de viagem*. Belo Horizonte: Del Rey, 2004.

AZEVEDO, Fernando Costa de. *O reconhecimento jurídico da hipervulnerabilidade de certos grupos de consumidores como expressão de um sentido material de justiça no contexto da sociedade de consumo contemporânea*. Disponível em: <http://imagensdajustica.ufpel.edu.br/anais/trabalhos/GT%207/GT%207%20-%20AZEVEDO,%20Fernando%20Costa%20de.pdf>. Acesso em: 30 set. 2016.

BADARÓ, Rui Aurélio de Lacerda. *Direito do turismo: história e legislação no Brasil e no exterior*. São Paulo: Senac, 2003.

BARRETO, Margarita. *Manual de iniciação ao estudo do turismo*. 8ª ed. Campinas: Papirus, 2000.

BENI, Mário Carlos. *Globalização do turismo: megatendências do setor e a realidade brasileira*. São Paulo: Aleph, 2003.

BENJAMIN, Antônio Herman V.; MARQUES, Claudia Lima; BESSA, Leonardo Roscoe. *Manual de Direito do Consumidor*. 5ª ed. São Paulo: Revista dos Tribunais, 2013.

BESSA, Leonardo Roscoe. *O consumidor e seus direitos ao alcance de todos*. 3ª ed. Brasília: Brasília Jurídica, 2006.

–. *Relação de consumo e aplicação do Código de Defesa do Consumidor*. 2ª ed. São Paulo: Revista dos Tribunais, 2009.

BITTAR, Carlos Alberto. Direitos do consumidor: Código de Defesa do Consumidor. 6ª ed. Rio de Janeiro: Forense Universitária, 2003.

BOECKEL, Cristina. *Rio recebeu 1,17 milhão de turistas na Olimpíada; 410 mil são do exterior*. Portal G1 Rio, 23 ago. 2016. Disponível em: <http://g1.globo.com/rio-de-janeiro/olimpiadas/rio2016/noticia/2016/08/prefeitura-faz-balanco-da-olimpiada-e-paes-diz-que-o-rio-calou-

-criticos.html>. Acesso em: 05 mar. 2017.

Bourdieu, Pierre. *O poder simbólico.* 11ª ed. Rio de Janeiro: Bertrand Brasil, 2007.

Brasil. Superior Tribunal de Justiça. Recurso Especial nº 586.316/MG. Min. Herman Benjamin. Julgado em 17/04/2007.

Cabral, Érico de Pina. *Inversão do ônus da prova no processo civil do consumidor.* São Paulo: Método, 2008.

Campos, Priscila Augusta Ferreira; Melo, Marcos de Abreu; Abrahão, Bruno Otávio de Lacerda; Silva, Silvio Ricardo da. As determinações do Estatuto de Defesa do Torcedor sobre a questão da violência: a segurança do torcedor de futebol na apreciação do espetáculo esportivo. *Revista Brasileira de Ciências do Esporte,* v. 30, nº 1, p. 9-24, set./2008. Disponível em: <http://oldarchive.rbce-online.org.br/index.php/RBCE/article/view/188/195>. Acesso em: 21 out. 2016.

Cipriano, Ana Cândida Muniz; Silva, Julia Pereira da. Proteção e defesa do consumidor turista e visitante no Brasil. *Revista de Direito do Consumidor,* v. 102, p. 321-329, nov./-dez. 2015.

Consultor Jurídico. *Com participação do Brasil, ONU aprova novas diretrizes para relações de consumo.* São Paulo, 24 dez. 2015. Disponível em: <http://www.conjur.com.br/2015-dez-24/onu-aprova-novas-diretrizes-melhorar-relacoes-consumo>. Acesso em: 16 abr. 2017.

Cruz, Rita de Cássia. *Política de turismo e território.* 2ª ed. São Paulo: Contexto, 2001.

Dan, Wei. A proteção do turista através do direito do consumidor: efeitos da globalização e o estudo empírico da China. *Revista de Direito do Consumidor,* São Paulo: Revista dos Tribunais, v. 83, p. 207-221, jul./-set. 2012.

Diário do Nordeste. *Lei da Copa vai de encontro ao CDC.* Fortaleza, 29 mai. 2013. Disponível em: <http://diariodonordeste.globo.com/materia.asp?codigo=1273013>. Acesso em: 10 nov. 2016.

Dias, Reinaldo. *Introdução ao turismo.* São Paulo: Atlas, 2005.

Diniz, Maria Helena. *Curso de direito civil brasileiro, volume 3: teoria das obrigações contratuais e extracontratuais.* 30ª ed. São Paulo: Saraiva, 2014.

Fellous, Beyla Esther. *Proteção do consumidor no Mercosul e na União Europeia.* São Paulo: Revista dos Tribunais, 2003.

Feuz, Paulo Sérgio. *Direito do consumidor nos contratos de turismo.* Bauru: EDIPRO, 2003.

Folha de São Paulo. *Liberação de propaganda de cigarro na Fórmula 1 gera polêmica.* São Paulo, 5 abr. 2004. Disponível em: <http://www.riosvivos.org.br/Noticia/Liberacao+de+propaganda+cigarro+na+Formula+1+gera+polemica/1001>. Acesso em: 10 nov. 2016.

Folha de São Paulo. *Site lança guia com dicas de como escrever avaliações úteis para outros viajantes.* São

Paulo, 1 abr. 2015. Disponível em: <http://www1.folha.uol.com.br/turismo/2015/04/1611416-site-lanca-guia-com-dicas-de-como-escrever-avaliacoes-uteis-para-outros-viajantes.shtml>. Acesso em: 18 fev. 2017.

FONSECA, João Leopoldino da. *Cláusulas abusivas nos contratos*. 2ª ed. Rio de Janeiro: Forense, 1998.

GAUDENCIO, Aldo Cesar Filgueiras. *Da vulnerabilidade à hipervulnerabilidade: proteção contratual dos consumidores nos direitos da União Européia, Portugal e Brasil*. Disponível em: <http://hdl.handle.net/10316/30146>. Acesso em: 30 set. 2016.

GEIB, Geovana. A necessidade de regras específicas de Direito Internacional privado no contrato de consumo internacional eletrônico: principais aspectos quanto ao foro competente e à lei aplicável. *Revista de Direito do Consumidor*, São Paulo: Revista dos Tribunais, v. 82, p. 177-212, abr./-jun. 2012.

GELBERT, Laura. *Chegadas internacionais de turistas sobem 4% no 1º semestre de 2016*. Rádio ONU, 20 set. 2016. Disponível em: <http://www.unmultimedia.org/radio/portuguese/2016/09/chegadas-internacionais-de-turistas-sobem-4-no-1o-semestre-de-2016/index.html#.WA-gbuMrJdg>. Acesso em: 25 out. 2016.

GRINOVER, Ada Pellegrini *et al*. *Código Brasileiro de Defesa do Consumidor comentado pelos autores do anteprojeto*. 10ª ed. Rio de Janeiro: Forense, 2011, v. 1.

GUGLINSKI, Vitor. *Breves linhas sobre a hipervulnerabilidade do consumidor-turista*. Disponível em: <http://vitorgug.jusbrasil.com.br/artigos/185480810/breves-linhas-sobre-a-hipervulnerabilidade-do-consumidor-turista>. Acesso em: 23 out. 2016.

GUIMARÃES, Paulo Jorge Scartezzini. *A publicidade ilícita e a responsabilidade civil das celebridades que dela participam*. São Paulo: Revista dos Tribunais, 2001.

PERIN JUNIOR, Ecio. *A globalização e o direito do consumidor: aspectos relevantes sobre a* harmonização legislativa dentro dos mercados regionais. Barueri: Manole, 2003.

KHOURI, Paulo Roberto Roque Antonio. *A revisão judicial dos contratos no novo código civil, código do consumidor e Lei 8.666/93: a onerosidade excessiva superveniente*. São Paulo: Atlas, 2006.

KLAUSNER, Eduardo Antônio. A globalização e a proteção do consumidor brasileiro. *Revista de Direito do Consumidor*, v. 97, p. 67-85, jan./-fev. 2015.

LIMBERGER, Têmis; MORAES, Carla Andreatta Sobbé. Comércio eletrônico: a vulnerabilidade do consumidor pela (des)informação e a responsabilidade civil dos provedores na Internet. *Revista de Direito do Consumidor*, São Paulo: Revista dos Tribunais, v. 97, p. 255-270, jan./-fev. 2015.

MAMEDE, Gladston. *Direito do consumidor no turismo: Código de Defesa do Consumidor aplicado aos contratos, serviços e ao marketing do turismo*. São Paulo: Atlas, 2004.

–. *Direito do turismo: legislação específica aplicada*. 3ª ed. São Paulo: Atlas, 2004.

MARQUES, Claudia Lima. A insuficiente proteção do consumidor nas normas de Direito Internacional Privado – Da necessidade de uma Convenção Interamericana (CIDIP) sobre a lei aplicável a alguns contratos e relações de consumo. *Revista dos Tribunais*, v. 788, p. 11-56, 2001. Disponível em: <http://www.egov.ufsc.br/portal/sites/default/files/anexos/33001-41354-1-PB.pdf>. Acesso em: 30 out. 2016.

–. *Contratos no Código de Defesa do Consumidor: o novo regime das relações contratuais*. 8ª ed. São Paulo: Revista dos Tribunais, 2016.

–. Esforços para incluir o tema da proteção do turista na Agenda de Trabalho da Conferência de Haia e a proposta brasileira de "Convenção de Cooperação em Matéria de Proteção dos Visitantes e Turistas Estrangeiros". *Revista de Direito do Consumidor*, v. 90, p. 39-65, nov./-dez. 2013.

MARQUES, Claudia Lima; OLIVEIRA, Amanda Flávio de; CIPRIANO, Ana Cândida Muniz. *ONU acompanha evolução das relações de consumo em nível transnacional*. Consultor Jurídico, 26 out. 2016. Disponível em: <http://www.conjur.com.br/2016-out-26/garantias-consumo-onu-acompanha-evolucao-relacoes-consumo-nivel-transnacional>. Acesso em: 16 abr. 2017.

MARQUES, Claudia Lima; SANTANA, Héctor Valverde. *Notícia sobre a Declaração de Sófia de princípios internacionais de proteção do consumidor*. Disponível em: <https://sociedip.files.wordpress.com/2013/12/lima-marques-y-valverde-santana-consumidor.pdf>. Acesso em: 13 out. 2016.

MARTINS, Plínio Lacerda. *O Ministério Público e o Código de Defesa do Consumidor*. Rio de Janeiro: Lumen Juris, 1996.

MELLO, Sônia Maria Vieira de. *O direito do consumidor na era da globalização: a descoberta da cidadania*. Rio de Janeiro: Renovar, 1998.

Ministério do Turismo. *Brasileiro viaja cada vez mais dentro do país de avião*. Brasília, 16 abr. 2013. Disponível em: <http://www.turismo.gov.br/ultimas-noticias/4181-brasileiro-viaja-cada-vez-mais-dentro-do-pais-de-aviao.html>. Acesso: 06 out. 2016.

MIRAGEM, Bruno. *Curso de direito do consumidor*. 5ª ed. São Paulo: Revista dos Tribunais, 2014.

–. Serviços turísticos, espetáculos esportivos e culturais no mercado de consumo: a proteção do consumidor nas atividades de lazer e entretenimento. *Revista de Direito do Consumidor*, São Paulo: Revista dos Tribunais, v. 85, p. 67-114, jan./-fev. 2013.

NIETO, Marcos Pinto. *Manual de direito aplicado ao turismo*. 2ª ed. Campinas: Papirus, 2001.

ORGANIZAÇÃO DAS NAÇÕES UNIDAS – ONU. *United Nations Guidelines for Consumer Protection.* Disponível em: <http://unctad.org/en/PublicationsLibrary/ditccplpmisc2016d1_en.pdf>. Acesso em: 16 abr. 2017.

ORGANIZAÇÃO MUNDIAL DE TURISMO – OMT. *Manual de Qualidade, higiene e inocuidade dos alimentos no setor de turismo: guia de consulta para funcionários, planejadores, empresários e operadores de turismo.* São Paulo: Roca, 2003.

NAÇÕES UNIDAS NO BRASIL – ONUBR. *A história da Organização.* Disponível em: <https://nacoesunidas.org/conheca/historia/>. Acesso em: 30 out. 2016.

–. *ONU apoia proteção ao consumidor na 'era do Airbnb' e cita Brasil como exemplo.* Rio de Janeiro, 28 set. 2016. Disponível em: <https://nacoesunidas.org/onu-apoia-protecao-ao-consumidor-na-era-do-airbnb-e-cita-brasil-como-exemplo/>. Acesso em: 25 out. 2016.

PASQUALOTO, Adalberto. O destinatário final e o "consumidor intermediário". *Revista de Direito do Consumidor,* São Paulo: Revista dos Tribunais, v. 74, p. 7-42, abr./-jun. 2010.

Portal Brasil. *Aplicativos facilitam busca de informações turísticas.* Brasília, 30 jul. 2014. Disponível em: <http://www.brasil.gov.br/turismo/2014/05/aplicativos-facilitam-busca-de-informacoes-turisticas>. Acesso em: 11 fev. 2017.

Portal Brasil. *Ministério do Turismo destaca a importância da internet para o setor.* Brasília, 26 nov. 2014. Disponível em: <http://www.brasil.gov.br/turismo/2014/11/ministerio-do-turismo-destaca-a-importancia-da-internet-para-o-setor>. Acesso em: 11 fev. 2017.

Portal Brasil. *ONU aprova novas diretrizes para proteção a consumidores.* Brasília, 23 dez. 2015. Disponível em: <http://www.brasil.gov.br/cidadania-e-justica/2015/12/onu-aprova-novas-diretrizes-para-protecao-a-consumidores>. Acesso em: 16 abr. 2017.

Portal Brasil. *Preferência do brasileiro por viagens de avião cresce 11%.* Brasília, 9 ago. 2016. Disponível em: <http://www.brasil.gov.br/turismo/2016/08/preferencia-do-brasileiro-por-viagens-de-aviao-cresce-11>. Acesso em: 06 out. 2016.

Portal R7. *Brasil recebeu 1 milhão de turistas estrangeiros durante a Copa.* São Paulo, 14 jul. 2014. Disponível em: <http://esportes.r7.com/futebol/copa-do-mundo-2014/brasil-recebeu-1-milhao-de-turistas-estrangeiros-durante-a-copa-14072014>. Acesso em: 05 mar. 2017.

PORTUGUEZ, Anderson Pereira. Consumo e espaço: turismo, lazer e outros temas. São Paulo: Roca, 2001.

Relatório Webshoppers 37ª Edição – 2018. Disponível em: <https://www.ebit.com.br/webshoppers>. Acesso em: 18 set. 2018.

ROCHA, Amélia. *Consumidor turista.* O Povo Online, 21, oct. 2010. Disponível em: <http://www.opovo.com.br/app/colunas/ameliarocha/2012/10/20/noticiasameliarocha,2939933/consumidor-turista.shtml>. Acesso em: 24 out. 2016.

Santana, Héctor Valverde. *Dano moral no direito do consumidor*. São Paulo: Revista dos Tribunais, 2009.

–. Globalização econômica e a proteção do consumidor: o mundo entre crises e transformações. *Revista de Direito do Consumidor*, São Paulo: Revista dos Tribunais, v. 98, p. 135-151, mar./-abr. 2015.

–. Proteção internacional do consumidor: necessidade de harmonização da legislação. *Revista de Direito Internacional*, v. 11, nº 1, p. 53-64, 2014.

Santana, Héctor Valverde; Vial, Sophia Martini. Proteção internacional do consumidor e cooperação interjurisdicional. *Revista de Direito Internacional*, v. 13, nº 1, p. 397-418, 2016.

Sebrae. Disponível em: <https://www.sebrae.com.br/sites/PortalSebrae/artigos/pequenas-agencias-devem-estar-atentas-ao-mercado-do-turismo-online,b92b3a53c2cce410VgnVCM1000004c00210aRCRD>. Acesso em: 27 fev. 2017.

Serrano, Pablo Jiménez. *Introdução ao direito do consumidor*. Barueri: Manole, 2003.

Silva, Joseane Suzart Lopes da. Lei Geral da Copa e o Direito do Torcedor Consumidor: violação aos ditames constitucionais e legais. *Revista de Direito do Consumidor*, São Paulo: Revista dos Tribunais, v. 85, p. 115-174, jan./-fev. 2013.

Simão, Calil. *Estatuto de Defesa do Torcedor comentado*. São Paulo: JH Mizuno, 2011.

Soares, Ardyllis Alves. A tutela internacional do consumidor turista. *Revista de Direito do Consumidor*, v. 82, p. 113-176, abr./-jun. 2012.

Soares, Ardyllis Alves; Giordani, Lisiane Maria; Kaku, William Smith. O consumidor turista nas organizações internacionais no continente americano e na unwto. *Revista de Direito do Consumidor*, v. 97, p. 319-339, jan./-fev. 2015.

Swarbrooke, John; Horner, Susan. *O comportamento do consumidor no turismo*. São Paulo: Aleph, 2002.

Tiveron, Raquel. Sinal de fumaça à frente: a codependência de indivíduos e governos em relação ao cigarro. *Revista de informação legislativa*, v. 48, nº 192, p. 111-124, out./-dez. 2011. Disponível em: <http://www2.senado.leg.br/bdsf/item/id/242933>. Acesso em: 21 out. 2016.

Tomelin, Carlos Alberto. *Mercado de agências de viagens e turismo: como competir diante das novas tecnologias*. São Paulo: Aleph, 2001.

Trigo, Luiz Gonzaga Godoi. *A sociedade pós-industrial e o profissional em turismo*. 6ª ed. Campinas: Papirus, 2002.

Uol. *Direitos do consumidor na Copa das Confederações e outros eventos.*

São Paulo, 24 jun. 2013. Disponível em: <http://consumidormoderno.uol.com.br/index.php/defesa-do-consumidor/item/948-direitos-do-consumidor-na-copa-das-confederacoes-e-outros-eventos>. Acesso em: 30 ago. 2015.

–. *Copa do Mundo impacta em 84% o turismo no Brasil em 2014*. São Paulo, 10 jul. 2015. Disponível em: <http://maquinadoesporte.uol.com.br/artigo/copa-do-mundo-impacta-em-84-o-turismo-no-brasil-em-2014_28689.html>. Acesso em: 05 mar. 2017.

URRY, John. *O olhar do turista: lazer e viagens nas sociedades contemporâneas.* 3ª ed. São Paulo: Studio Nobel, 2001.

VIEIRA, Luciane Klein. Os 25 anos de vigência do CDC e as relações internacionais de consumo: desafios e perspectivas. *Revista de Direito do Consumidor,* São Paulo: Revista dos Tribunais, v. 103, p. 101-125, jan./-fev. 2016.